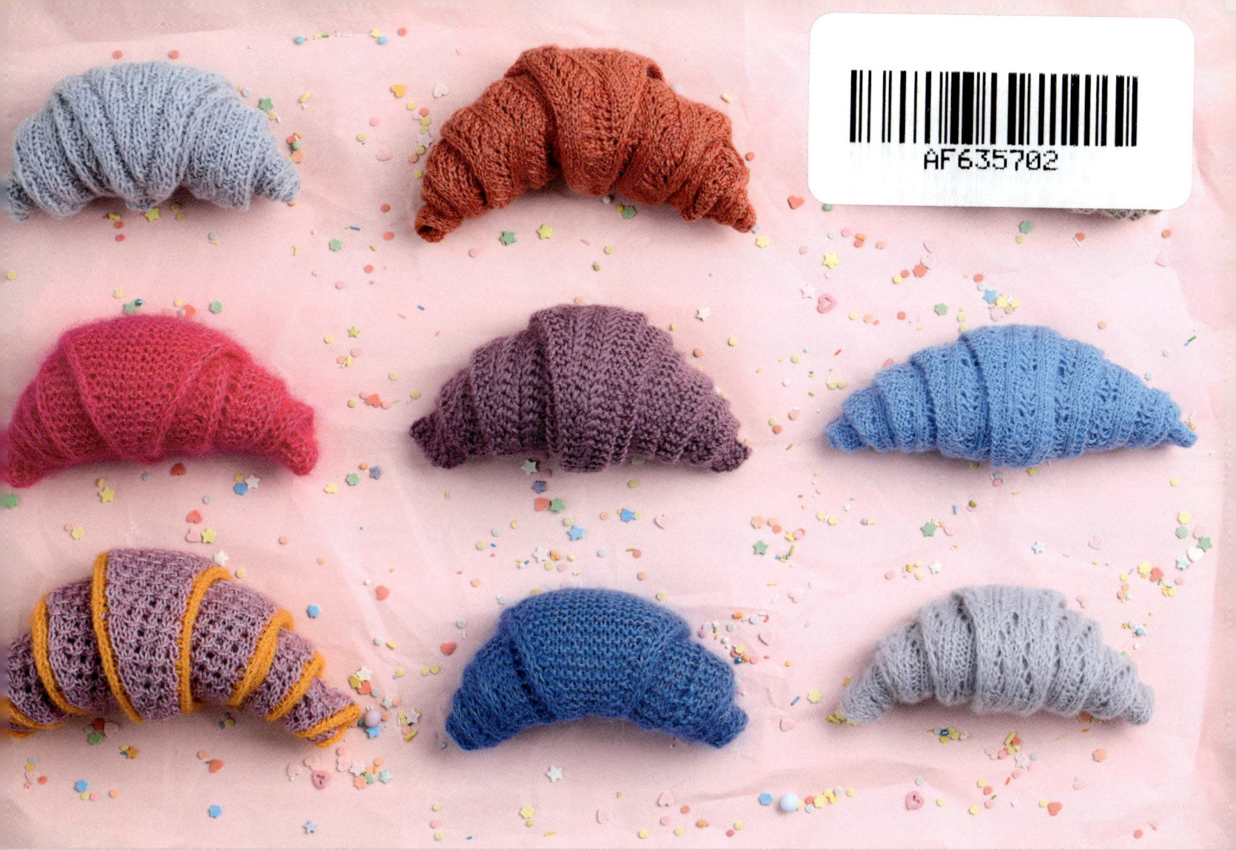

Die Minitücher mit der großen Wirkung sind das modische Statement und sorgen für Abwechslung im Kleiderschrank. Gestrickt werden sie in unterschiedlichen Farben, Größen sowie zauberhaften Intarsien-, Zopf-, Streifen-, Ajour- oder Lochmustern. Bestimmt wird es nicht bei einem Modell bleiben, denn die Bandanas eignen sich als schnelles Projekt für ein entspanntes Wochenende oder kleines Geschenk für die Lieben. Da für die Minitücher nur wenig Material benötigt wird, sind sie ideal, um Reste zu verwerten oder ein luxuriöses Garn zu verarbeiten.

Ich wünsche Ihnen ganz viel Spaß beim Stricken!

Brigitte Zimmermann

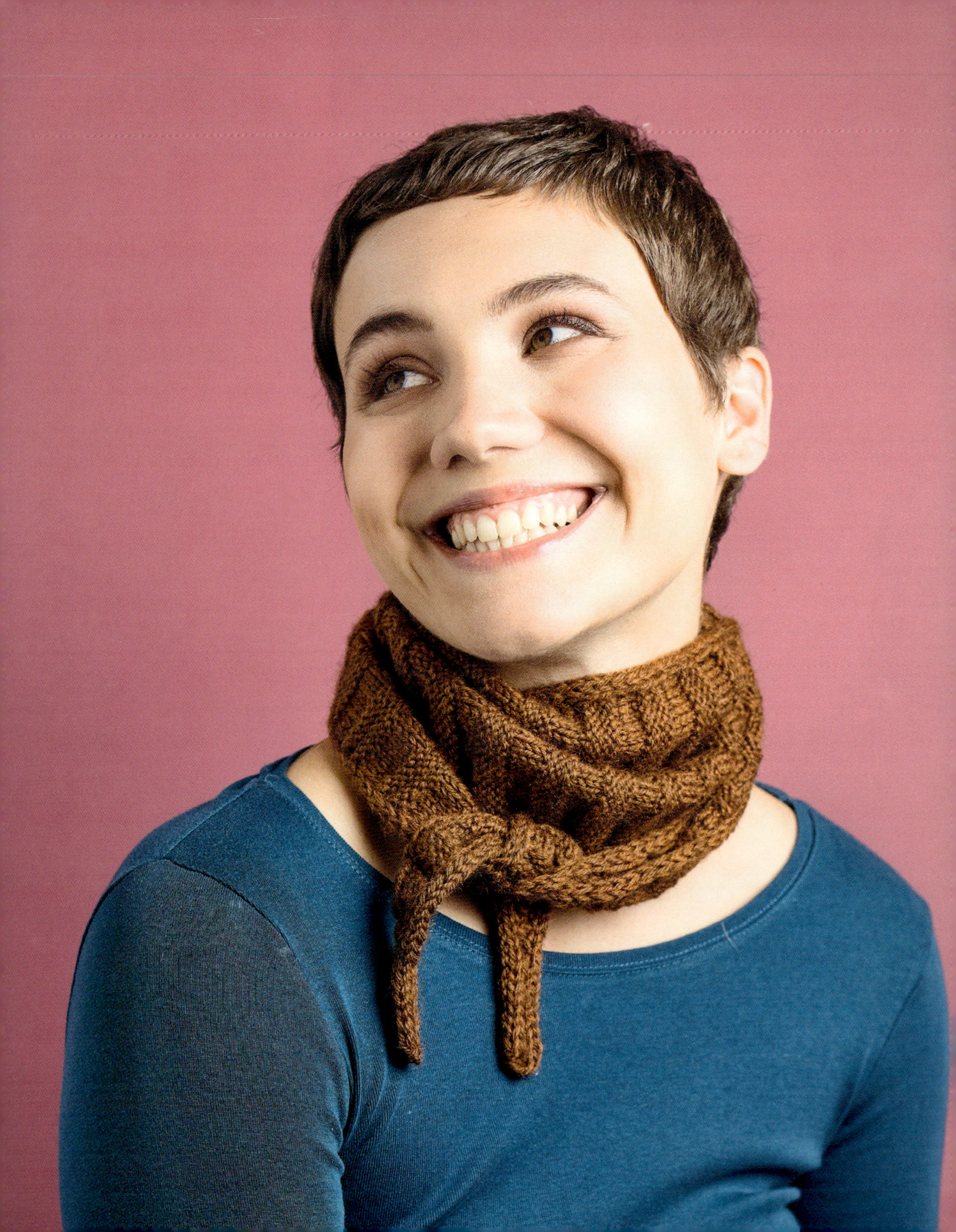

Wilma

raffinierte Strukturstreifen

GRÖSSE
ca. 120 cm x 22 cm

MATERIAL
- Westyorkshire Spinners Fleece Bluefaced Leicester DK (LL 225 m/100 g) in Umber (Fb 1037), 100 g
- Rundstricknadel 4,0 mm, 60 cm lang
- Wollnadel

MASCHENPROBE
Im Strukturstreifenmuster mit Nd 4,0 mm

20 M und 30 R = 10 cm x 10 cm (gedehnt gemessen)

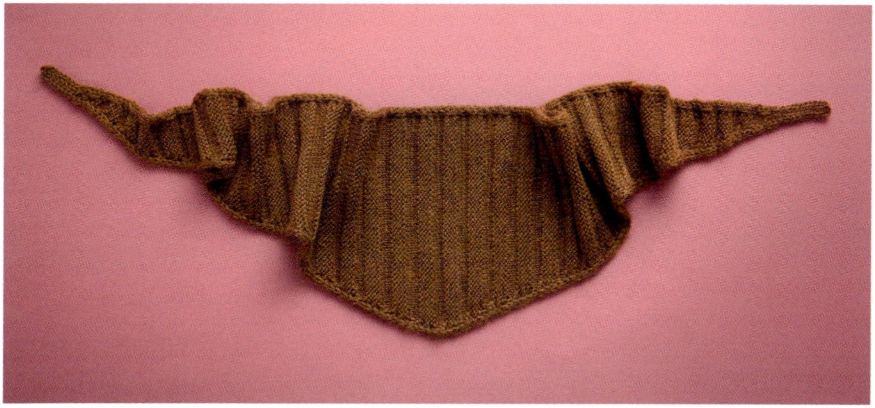

Glatt rechts
In Hinr rechte M, in Rückr linke M str.

Glatt links
In Hinr linke M, in Rückr rechte M str.

Randmaschen/I-Cord-Rand
Die Rdm als I-Cord-Rand über je 3 M str. Die ersten 3 M jeder R rechts str und die letzten 3 M jeder R wie zum Linksstr mit dem Faden vor der Arbeit abheben.

Strukturstreifenmuster
4 R glatt rechts und 4 R glatt links im Wechsel str.

Anleitung

6 M anschl.
Über die 6 M 20 R den I-Cord-Rand str.
Ab der 21. R zwischen dem I-Cord-Rand im Strukturstreifenmuster str, dabei in jeder 4. R die 3. M des I-Cord-Rands verdoppeln, bis 51 M auf der Nadel sind. Der Streifen mit den 51 M in glatt links bildet die Tuchmitte. Ab dem nächsten Streifen glatt rechts in der 1. und jeder folgenden 4. R die letzte M des I-Cord-Rands mit der folgenden M rechts überzogen zusammenstr (= 1 M wie zum Rechtsstr abheben, 1 M rechts, die abgehobene M überziehen). Auf diese Weise str, bis noch 6 M auf der Nd sind. In den folgenden 20 R über die 6 M den I-Cord-Rand str. Alle M abk.

Fertigstellen
Alle Fäden vernähen. Das Tuch anfeuchten und auf die angegebene Größe spannen, trocknen lassen.

Marte

mit hübschen Intarsien

GRÖSSE
ca. 168 cm x 21 cm

MATERIAL
- Westyorkshire Spinners Croft DK (LL 225 m/100 g) in Tangwick (Fb 1021) und Challister (Fb 1019), je 100 g
- Rundstricknadel 4,0 mm, 60 cm lang
- Wollnadel

MASCHENPROBE
Kraus rechts mit Nd 4,0 mm

20 M und 36 R = 10 cm x 10 cm

STRICK-SCHRIFT
Bogen 2A

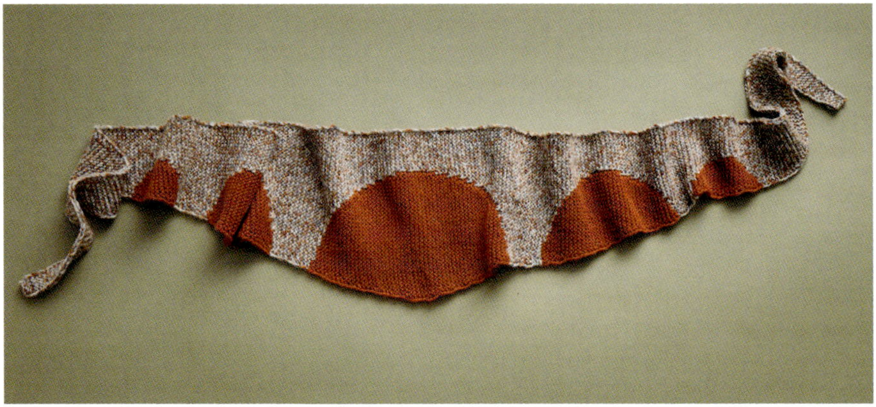

Kraus rechts
In Hin- und Rückr rechte M str.

Randmaschen
Die Rdm als Kettmaschenrand str. Dafür die erste M jeder R rechts verschränkt str, die letzte M jeder R wie zum Linksstr abheben.

Intarsienmuster
Nach der Strickschrift str. Es sind nur die Hinr gezeichnet. In den Rückr rechte M str und die gleiche Farbeinteilung wie in der Hinr arb. Die 1.-432. R 1x str. Beim Farbwechsel die Fäden miteinander verkreuzen, damit keine Löcher entstehen.

Anleitung

In Tangwick 6 M anschl und zwischen den Rdm kraus rechts str. In jeder 4. R die 1. M nach der Rdm verdoppeln. In dieser Einteilung str, bis 20 M auf der Nd sind. Weitere 3 R kraus rechts str.
Weiter im Intarsienmuster nach der Strickschrift arb (= 21 M nach der 1. R) und die 1.-432. R 1x str.
In Tangwick weiter zwischen den Rdm kraus rechts str und in der nächsten und jeder folgenden 4. R weiter die ersten beiden M nach der Rdm rechts zusammenstr, bis noch 6 M auf der Nd sind. 3 R kraus rechts str. In der nächsten R alle M abk.

Fertigstellen
Alle Fäden vernähen. Das Tuch anfeuchten und auf die angegebene Größe spannen, trocknen lassen.

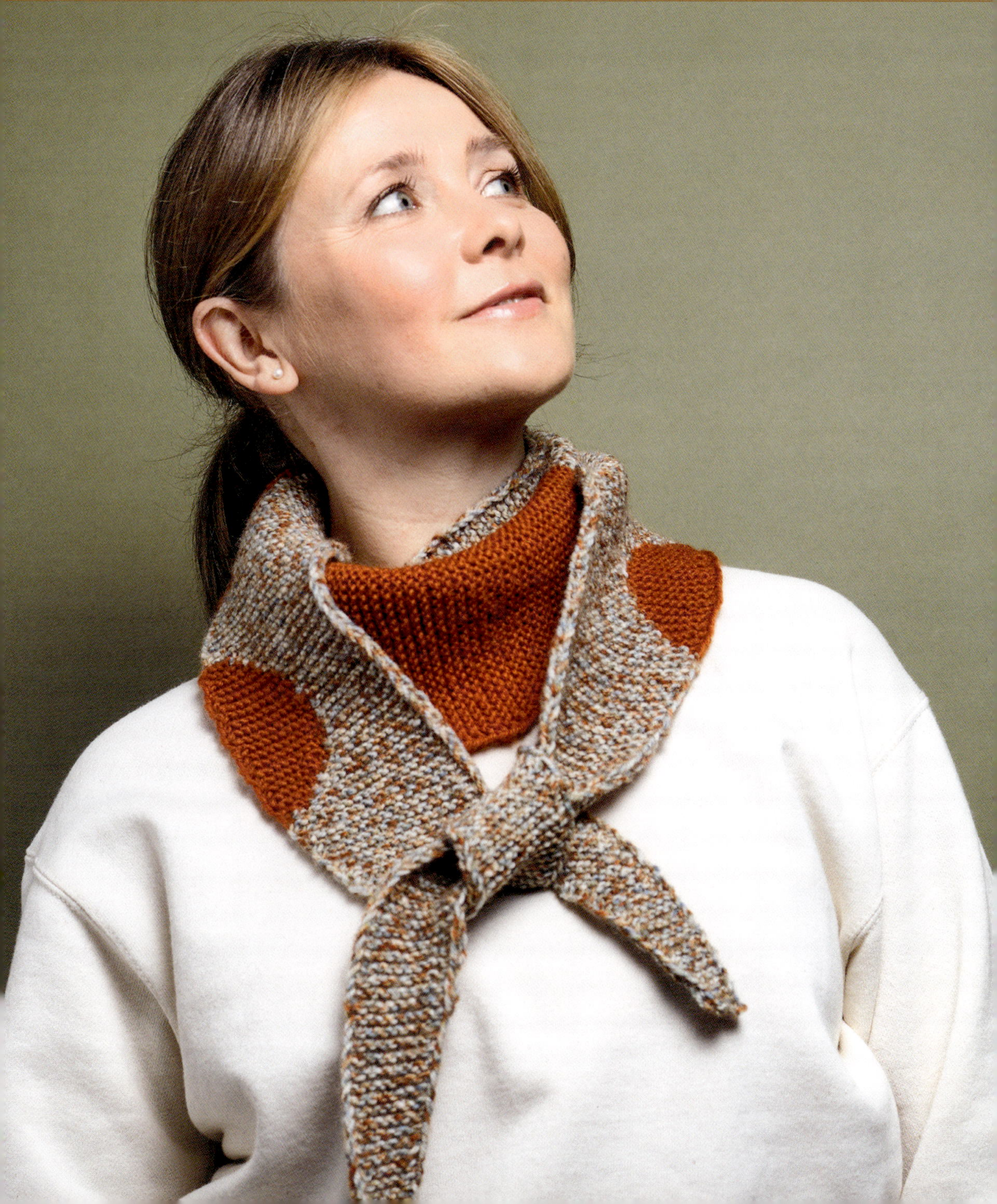

Clara

passt zu jedem Style

GRÖSSE
ca. 125 cm x 19 cm

MATERIAL
- Westyorkshire Spinners Bo Peep Pure (LL 112 m/ 50 g), in Blackcurrant (Fb 319), 100 g
- Rundstricknadel 4,0 mm, 60 cm lang
- Wollnadel

MASCHEN-PROBE
Im Honigwabenmuster mit Nd 4,0 mm

24 M und 30 R = 10 cm x 10 cm

STRICK-SCHRIFTEN
Seite 40

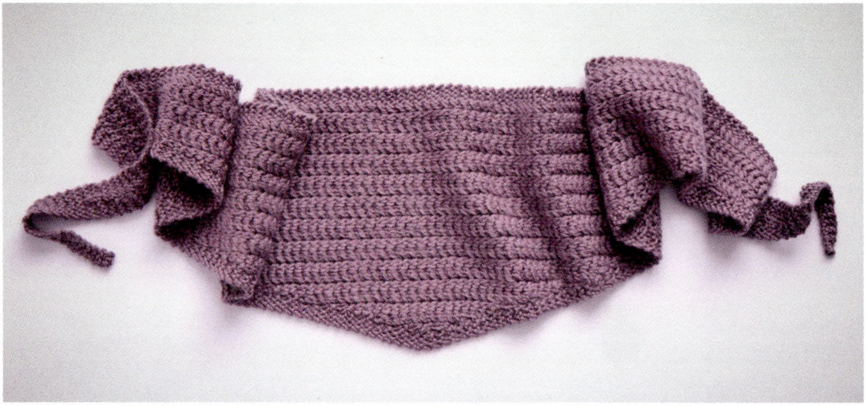

1 Masche linksgeneigt zunehmen
Mit der linken Nd von vorne unter dem Querfaden zur nächsten M einstechen und so eine neue M auf die Nd heben. Diese M rechts verschränkt str.

Randmaschen
Die Rdm als Kraus-rechts-Rand über je 3 M str. Dafür die ersten und letzten 3 M jeder R rechts str.

Strickschrift 1 – Zunahmen
Es sind nur die Hinr gezeichnet. In den Rückr rechte M str. Die 1.-36. R 1x str.

Honigwabenmuster
Nach der Strickschrift 2 str. Es sind nur die Hinr gezeichnet. In den Rückr die Rdm rechts, die M dazwischen links str. Die 1.-32. R 1x str, dann die 17.-32. R fortlaufend wdh, bis 50 M auf der Nd sind, dabei mit den M vor dem Rapport beginnen, den Rapport (grau hinterlegt) fortlaufend wdh und mit den M nach dem Rapport enden. Danach die 33.-48. R fortlaufend wdh, bis 10 M auf der Nd sind, dabei mit den M vor dem Rapport beginnen, den Rapport fortlaufend wdh und mit den M nach dem Rapport enden. Die 49.-60. R 1x str.

Strickschrift 3 – Abnahmen
Es sind nur die Hinr gezeichnet. In den Rückr rechte M str. Die 1.-36. R 1x str.

Anleitung

2 M anschl.

1.-36. R: Gemäß Strickschrift 1 str.

Ab der 37. R. das Honigwabenmuster gemäß Strickschrift 2 str. Die 1.-32. R 1x str, dann die 17.-32. R fortlaufend wdh (= 50 M; 20 cm Breite) dabei mit den M vor dem Rapport beginnen, den Rapport (grau hinterlegt) fortlaufend wdh und mit den M

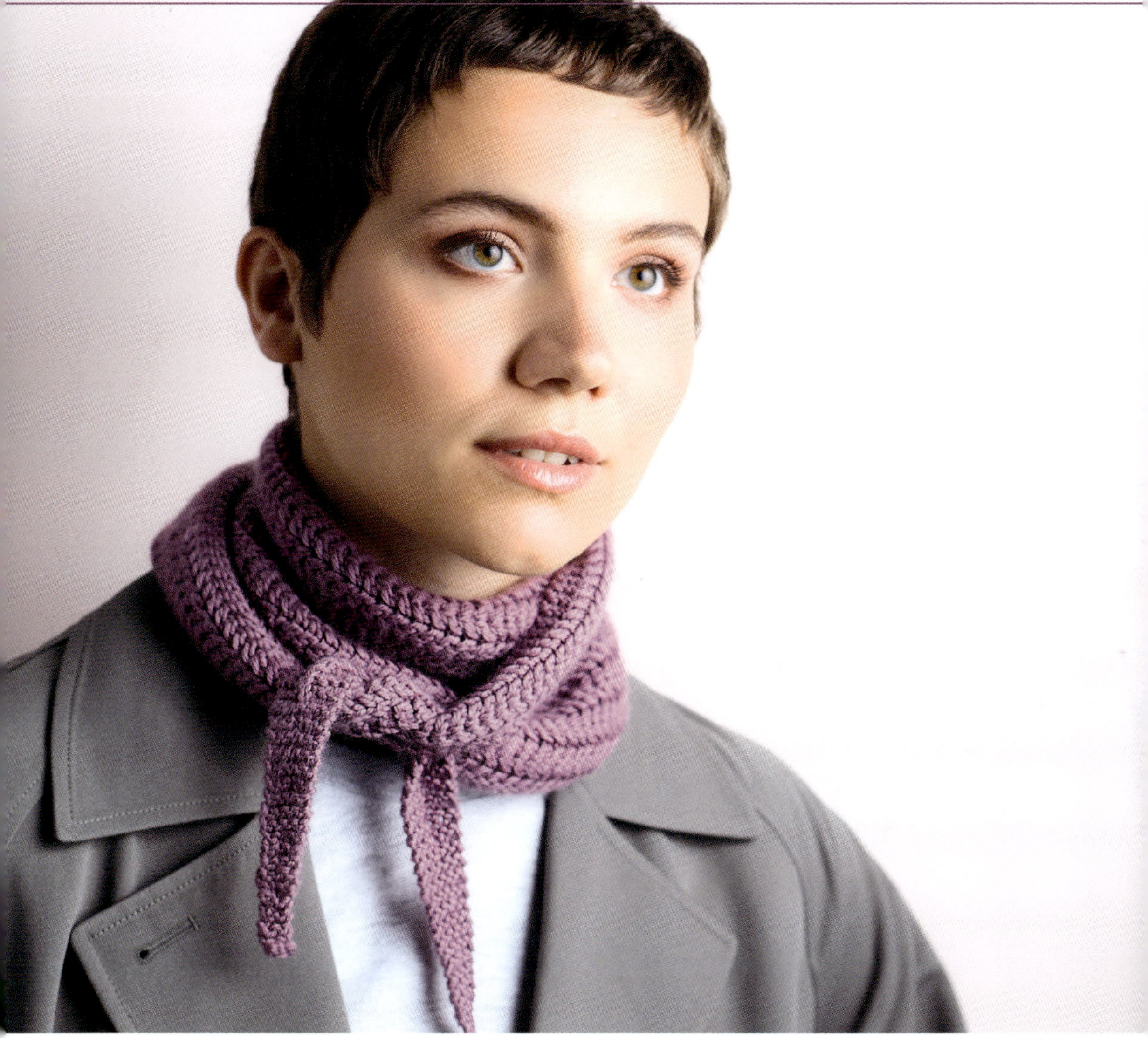

nach dem Rapport enden. Die Tuchmitte ist erreicht. Dann die 33.-48. R fortlaufend wdh, bis noch 10 M auf der Nd sind, dabei mit den M vor dem Rapport beginnen, den Rapport (grau hinterlegt) fortlaufend wdh und mit den M nach dem Rapport enden. Die 49.-60. R 1x str.
Danach gemäß Strickschrift 3 str. Die 1.-36. R 1x str. Alle M abk.

Fertigstellen

Alle Fäden vernähen. Das Tuch anfeuchten und auf die angegebene Größe spannen, trocknen lassen.

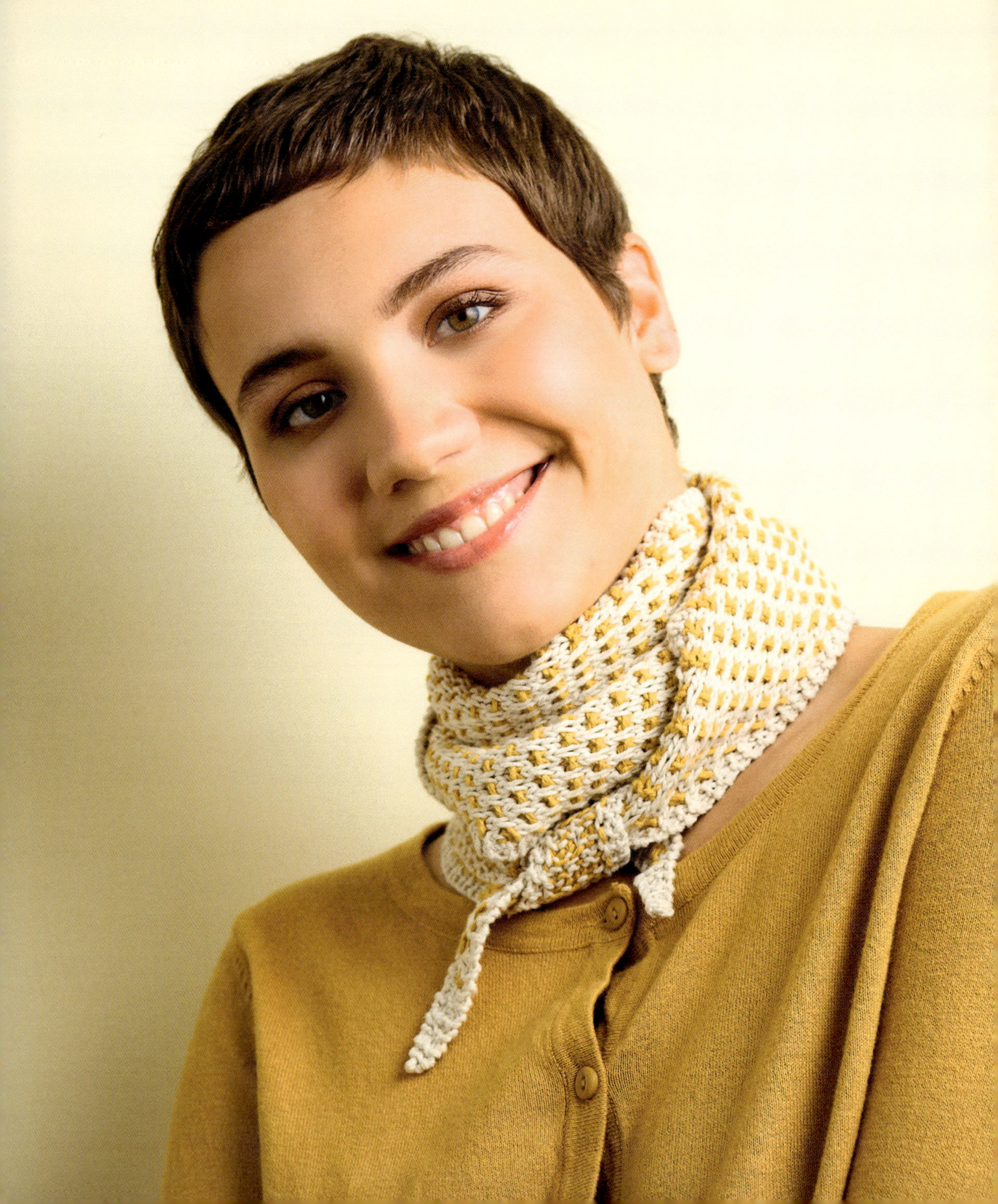

Mille

in zarten Tönen

GRÖSSE
ca. 120 cm x 20 cm

MATERIAL
- Butinette Woll Butt Linda (LL 98 m/50 g) in Leinen (Fb 338829) und Senf (Fb 13923), je 50 g
- Rundstricknadel 3,5 mm, 60 cm lang
- Wollnadel

MASCHENPROBE
Im Hebemaschenmuster mit Nd 3,5 mm

26 M und 36 R = 10 cm x 10 cm

STRICKSCHRIFTEN
Seite 41

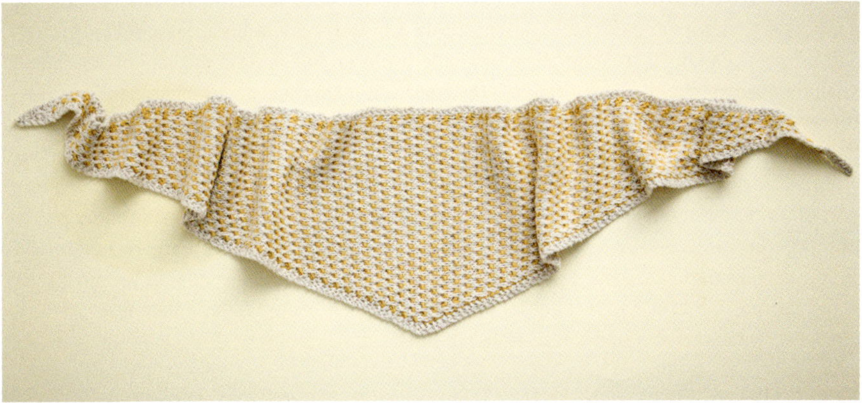

1 Masche linksgeneigt zunehmen

Mit der linken Nd von vorne unter dem Querfaden zur nächsten M einstechen und so eine neue M auf die Nd heben. Diese M rechts verschränkt str.

Randmaschen

Die Rdm als Kraus-rechts-Rand über je 2 M str. Dafür die ersten und letzten 2 M jeder R rechts str.

Hebemaschenmuster

Nach den Strickschriften str.

Strickschrift 1 – Zunahmen
Es sind Hin- und Rückr gezeichnet. Ab der 13. R in Intarsientechnik arb. Dafür die M bis zu den linken Rdm in der entsprechenden Fb str, dann diese und alle weiteren linken Rdm mit einem separaten Knäuel in Leinen str. Alle Fäden beim Farb- bzw. Knäuelwechsel verkreuzen, damit keine Löcher entstehen.

Die 1.-34. R 1x str, dann die 27.-34. R fortlaufend wdh. Dabei mit den M vor dem Rapport beginnen, den Rapport (grau hinterlegt) fortlaufend wdh und mit den M nach dem Rapport enden.

Strickschrift 2 – Abnahmen
Es sind Hin- und Rückr gezeichnet. Bis zur 28. R in Intarsientechnik arb. Dafür die M bis zu den linken Rdm in der entsprechenden Fb str, dann diese und alle weiteren linken Rdm mit einem separaten Knäuel in Leinen str. Alle Fäden beim Farb- bzw. Knäuelwechsel verkreuzen, damit keine Löcher entstehen.
Die 1.-8. R fortlaufend wdh, bis noch 10 M auf der Nd sind. Dabei mit den M vor dem Rapport beginnen, den Rapport (grau hinterlegt) fortlaufend wdh und mit den M nach dem Rapport enden. Die 9.-39. R 1x str, dabei in der letzten R alle M abk.

Anleitung

In Leinen 2 M anschl.
Im Hebemaschenmuster gemäß Strickschrift 1 für die Zunahmen str. Die 1.-34. R 1x str, dann die 27.-34. R fortlaufend wdh, bis 52 M auf der Nd sind, dabei mit den M vor dem Rapport beginnen, den Rapport (grau hinterlegt) fortlaufend wdh und mit den M nach dem Rapport enden. Ab der 13. R in Intarsientechnik arb. Dafür die M bis zu den linken Rdm in der entsprechenden Fb str, dann diese und alle weiteren linken Rdm mit einem separaten Knäuel in Leinen str. Alle Fäden beim Farb- bzw. Knäuelwechsel verkreuzen, damit keine Löcher entstehen. Wenn 52 M auf der Nd sind, ist die Tuchmitte erreicht.
Im Hebemaschenmuster gemäß Strickschrift 2 für die Abnahmen str. Die 1.-8. R fortlaufend wdh, bis noch 10 M auf der Nd sind, dabei mit den M vor dem Rapport beginnen, den Rapport (grau hinterlegt) fortlaufend wdh und mit den M nach dem Rapport enden. Bis zur 28. R in Intarsientechnik arb. Dafür die M bis zu den linken Rdm in der entsprechenden Fb str, dann diese und alle weiteren linken Rdm mit einem separaten Knäuel in Leinen str. Alle Fäden beim Farb- bzw. Knäuelwechsel verkreuzen, damit keine Löcher entstehen.
Die 9.-39. R 1x str, dabei in der letzten R alle M abk.

Fertigstellen

Alle Fäden vernähen. Das Tuch anfeuchten und auf die angegebene Größe spannen, trocknen lassen.

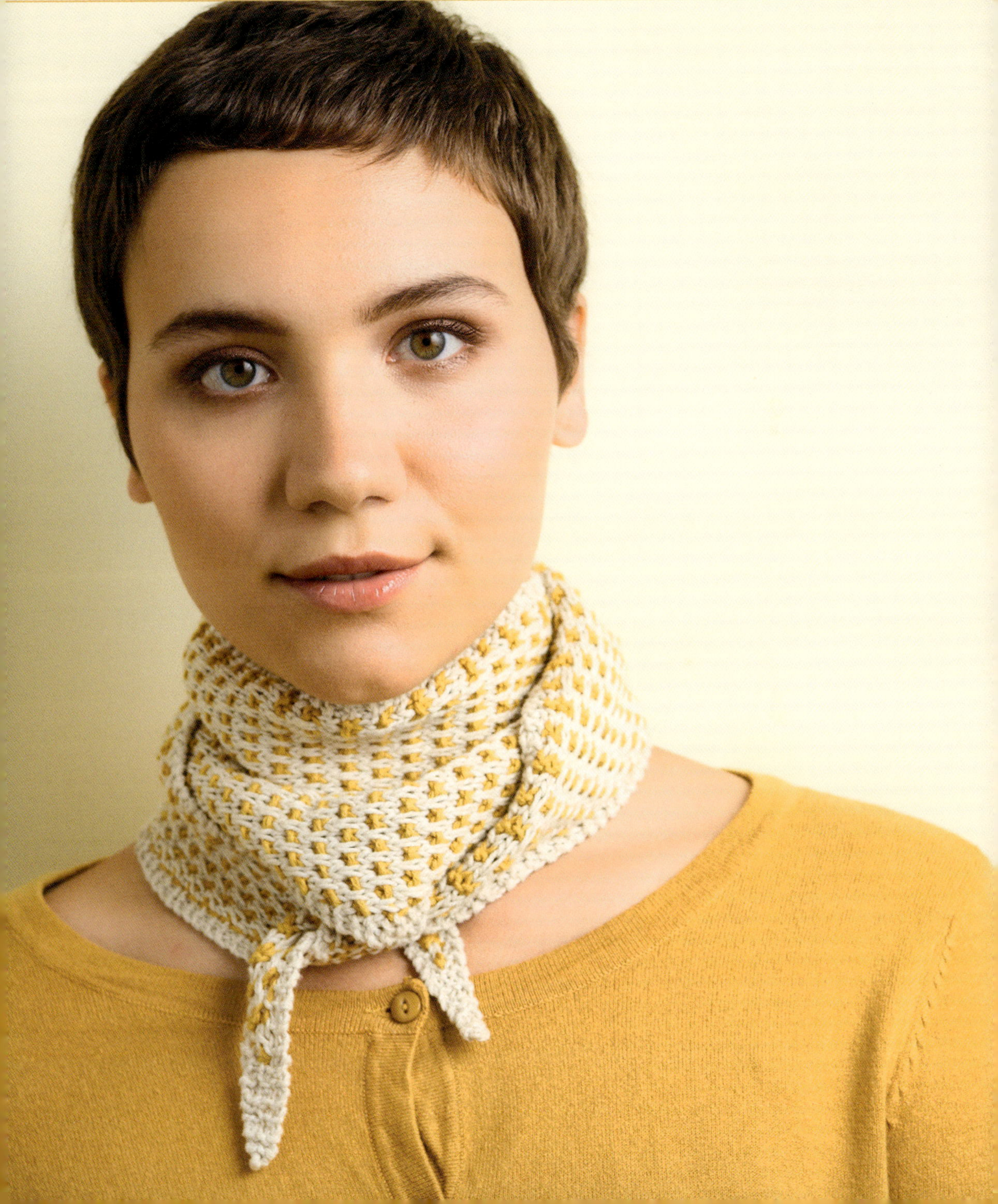

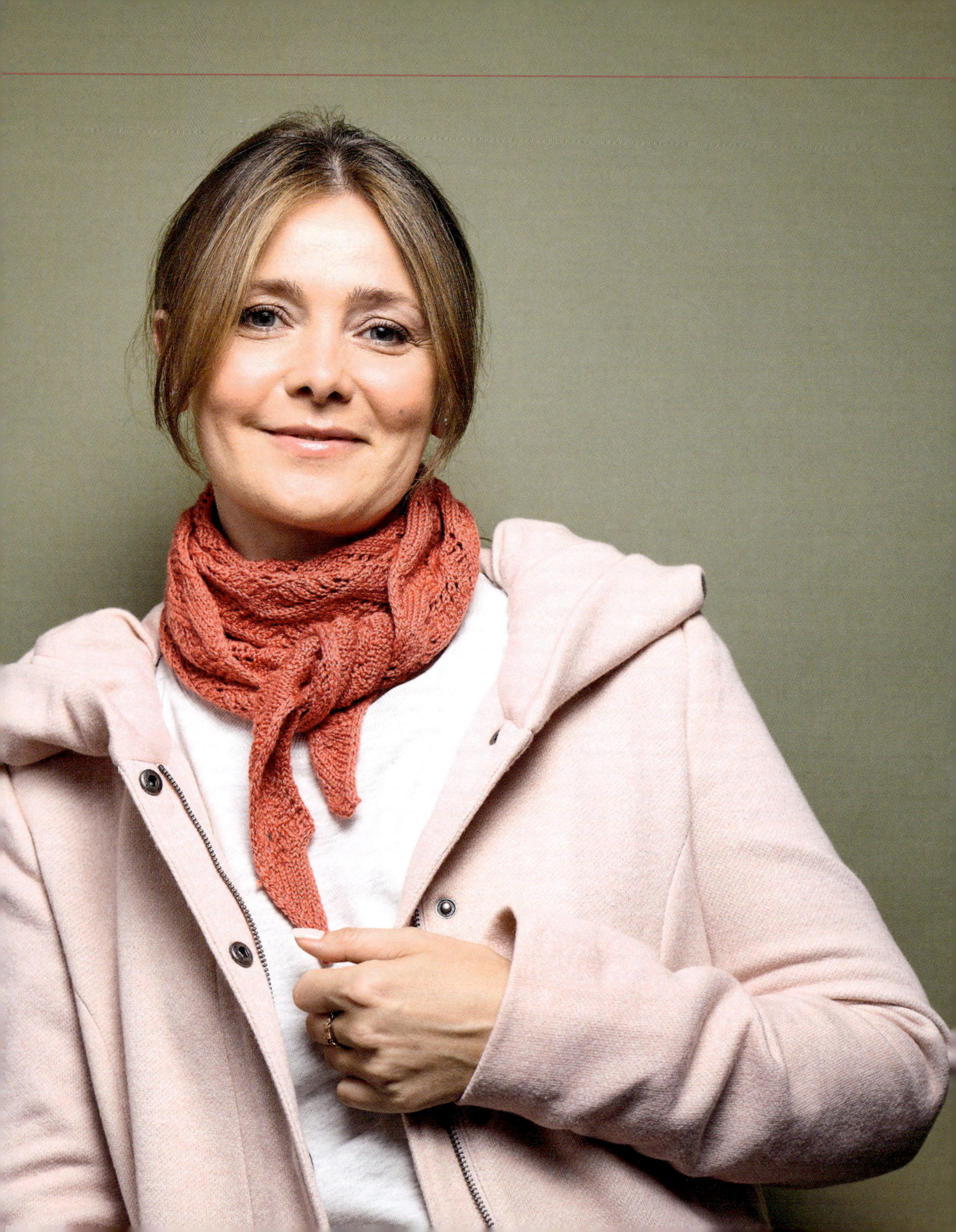

Julie

in elegantem Ajourmuster

GRÖSSE
ca. 140 cm x 16 cm

MATERIAL
- West Yorkshire Spinners Exquisite 4Ply (LL 400 m/ 100 g) in Bloomsbury (Fb 1131), 100 g
- Rundstricknadel 3,0 mm, 60 cm lang
- Wollnadel

MASCHENPROBE
Im Ajourmuster mit Nd 3,0 mm

30 M und 34 R = 10 cm x 10 cm

STRICK-SCHRIFTEN
Seite 42/43

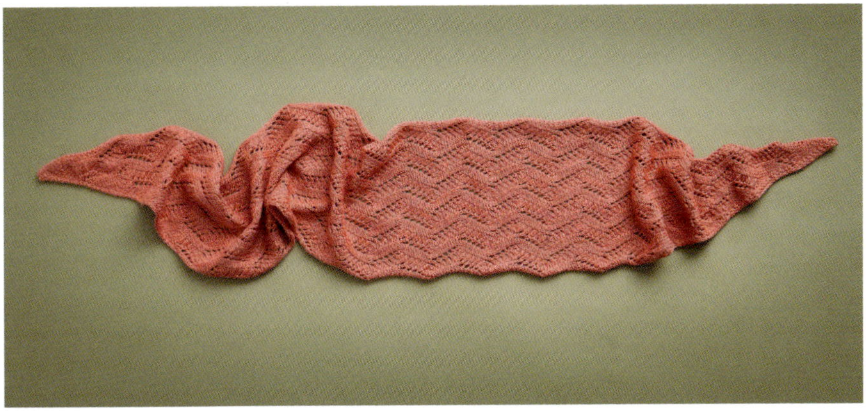

Randmaschen/I-Cord-Rand
Die Rdm als I-Cord-Rand über je 3 M str. Die ersten 3 M jeder R rechts str und die letzten 3 M wie zum Linksstr mit dem Faden vor der Arbeit abheben.

Ajourmuster
Nach den Strickschriften str.

Strickschrift 1
Es sind nur die Hinr gezeichnet. In den Rückr alle M und U links str.
Die 1.-92. R 1x str, dabei ab der 57. R die M vor dem Rapport str, den Rapport (grau hinterlegt) fortlaufend wdh und mit der M nach dem Rapport enden. Dann die 21.-44. R 1x str, dabei in der 43. R keine Zunahme mehr arb und mit den M vor dem Rapport beginnen, den Rapport (grau hinterlegt) fortlaufend wdh und mit der M nach dem Rapport enden.

Strickschrift 2
Es sind nur die Hinr gezeichnet. In den Rückr alle M und U links str. Die 1.-24. R 9x str, dann 1x die 1.-12. R str, dabei mit den M vor dem Rapport beginnen, den Rapport (grau hinterlegt) fortlaufend wdh und mit der M nach dem Rapport enden.

Strickschrift 3
Es sind nur die Hinr gezeichnet. In den Rückr alle M und U links str. Die 1.-110. R 1x str, dabei bis zur 74. R mit den M vor dem Rapport beginnen, den Rapport (grau hinterlegt) fortlaufend wdh und mit der M nach dem Rapport enden.

Anleitung

6 M anschl. Über die 6 M 2 R den I-Cord-Rand str. Im Ajourmuster gemäß Strickschrift 1 für die Zunahmen str. Die 1.-92. R 1x str, dabei ab der 57. R die M vor dem Rapport str, den Rapport (grau hinterlegt) fortlaufend wdh und mit der M nach dem Rapport enden. Dann die 21.-44. R 1x str, dabei in der 43. R keine Zunahme mehr arb (= 62 M). Mit den M vor dem Rapport beginnen, den Rapport (grau hinterlegt) fortlaufend wdh und mit der M nach dem Rapport enden.

Dann im Ajourmuster gemäß Strickschrift 2 für den geraden Teil str. Die 1.-24. R 9x str, dann die 1.-12. R 1x str. Mit den M vor dem Rapport beginnen, den Rapport (grau hinterlegt) fortlaufend wdh und mit der M nach dem Rapport enden.

Im Ajourmuster gemäß Strickschrift 3 für die Abnahmen str. Die 1.-110. R 1x str, dabei bis zur 74. R mit den M vor dem Rapport beginnen, den Rapport (grau hinterlegt) fortlaufend wdh und mit der M nach dem Rapport enden. In der 111. R die 3. M der I-Cord-M mit der nächsten M rechts zusammenstr (= 6 M). 1 Rückr über die 6 I-Cord-M str und in der nächsten R alle M abk.

Fertigstellen

Alle Fäden vernähen. Das Tuch anfeuchten und auf die angegebene Größe spannen, trocknen lassen.

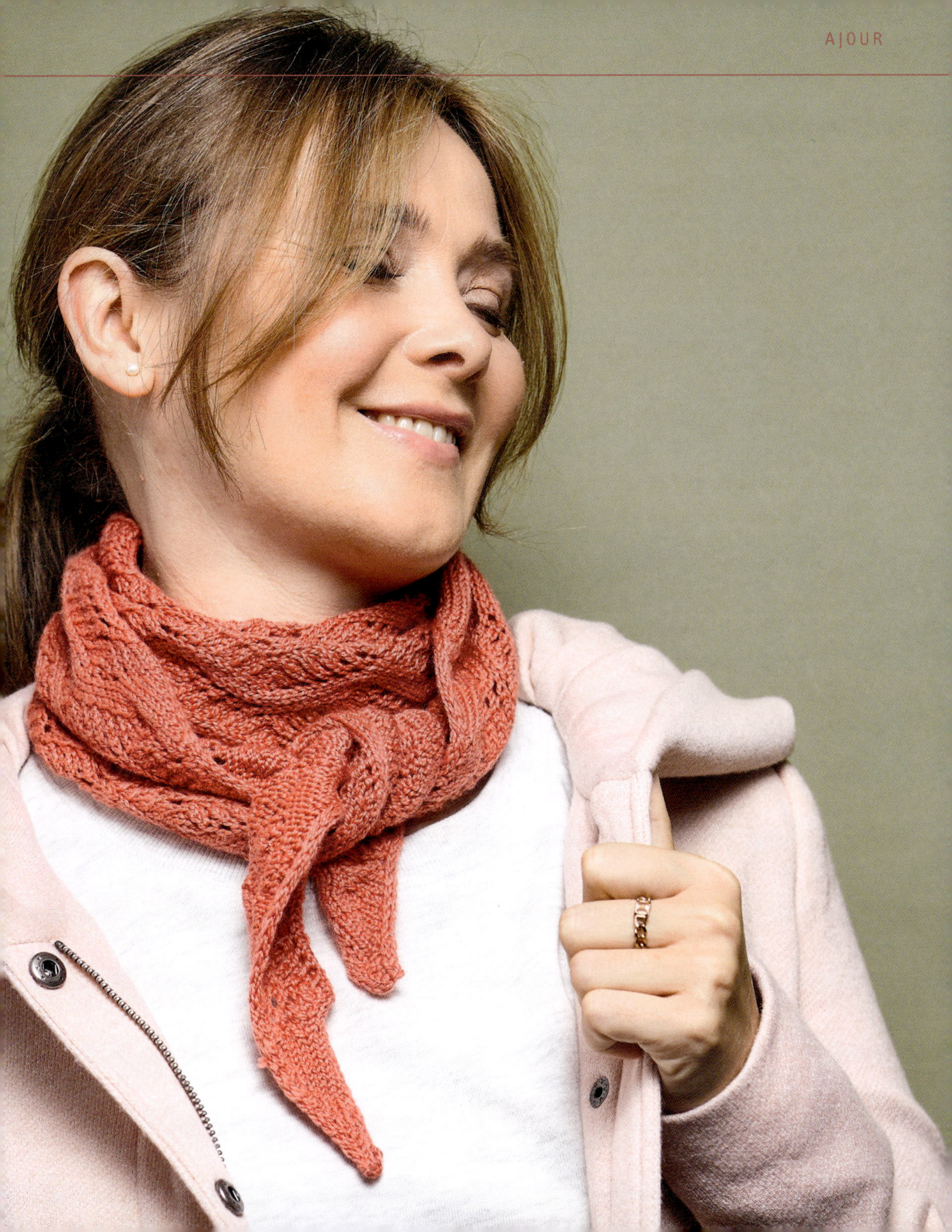

Selma

mit luftigem Lochmuster

GRÖSSE
ca. 136 cm x 16 cm

MATERIAL
- Lamana Verona (LL 180 m/25 g) in Muskat (Fb 47), 50 g
- Rundstricknadel 2,5 mm, 60 cm lang
- Wollnadel

MASCHENPROBE
Im Lochmuster mit Nd 2,5 mm

30 M und 36 R = 10 cm x 10 cm

STRICK-SCHRIFTEN
Seite 44

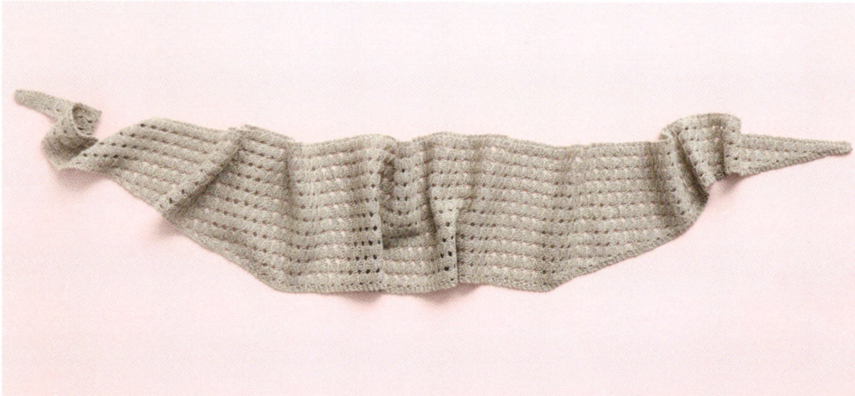

Randmaschen
Die ersten und letzten beiden M jeder R rechts str.

Lochmuster
Nach den Strickschriften str.

Strickschrift 1 – Zunahmen
Es sind Hin- und Rückr gezeichnet. Die 1.-52. R 1x str, dann die 33.-52. R fortlaufend wdh. Dabei mit den M vor dem Rapport beginnen, den Rapport (grau hinterlegt) fortlaufend wdh und mit den M nach dem Rapport enden.

Strickschrift 2
Es sind Hin- und Rückr gezeichnet. Die 1.-4. R fortlaufend wdh. Dabei mit den M vor dem Rapport beginnen, den Rapport (grau hinterlegt) fortlaufend wdh und mit den M nach dem Rapport enden.

Strickschrift 3 – Abnahmen
Es sind Hin- und Rückr gezeichnet. Die 1.-16. R fortlaufend wdh. Dabei mit den M vor dem Rapport beginnen, den Rapport (grau hinterlegt) fortlaufend wdh und mit den M nach dem Rapport enden. Dann die 17.-48. R 1x str.

Anleitung

4 M anschl. Im Lochmuster gemäß Strickschrift 1 für die Zunahmen str. Die 1.-52. R 1x str, dann die 33.-52. R fortlaufend wdh, bis 48 M auf der Nd sind, dabei mit den M vor dem Rapport beginnen, den Rapport fortlaufend wdh und mit den M nach dem Rapport enden.
Im Lochmuster gemäß Strickschrift 2 str. Die 1.-4. R bis zu einer Gesamtlänge von ca. 90 cm fortlaufend wdh, dabei mit den M vor dem Rapport beginnen, den Rapport fortlaufend wdh und mit den M nach dem Rapport enden.

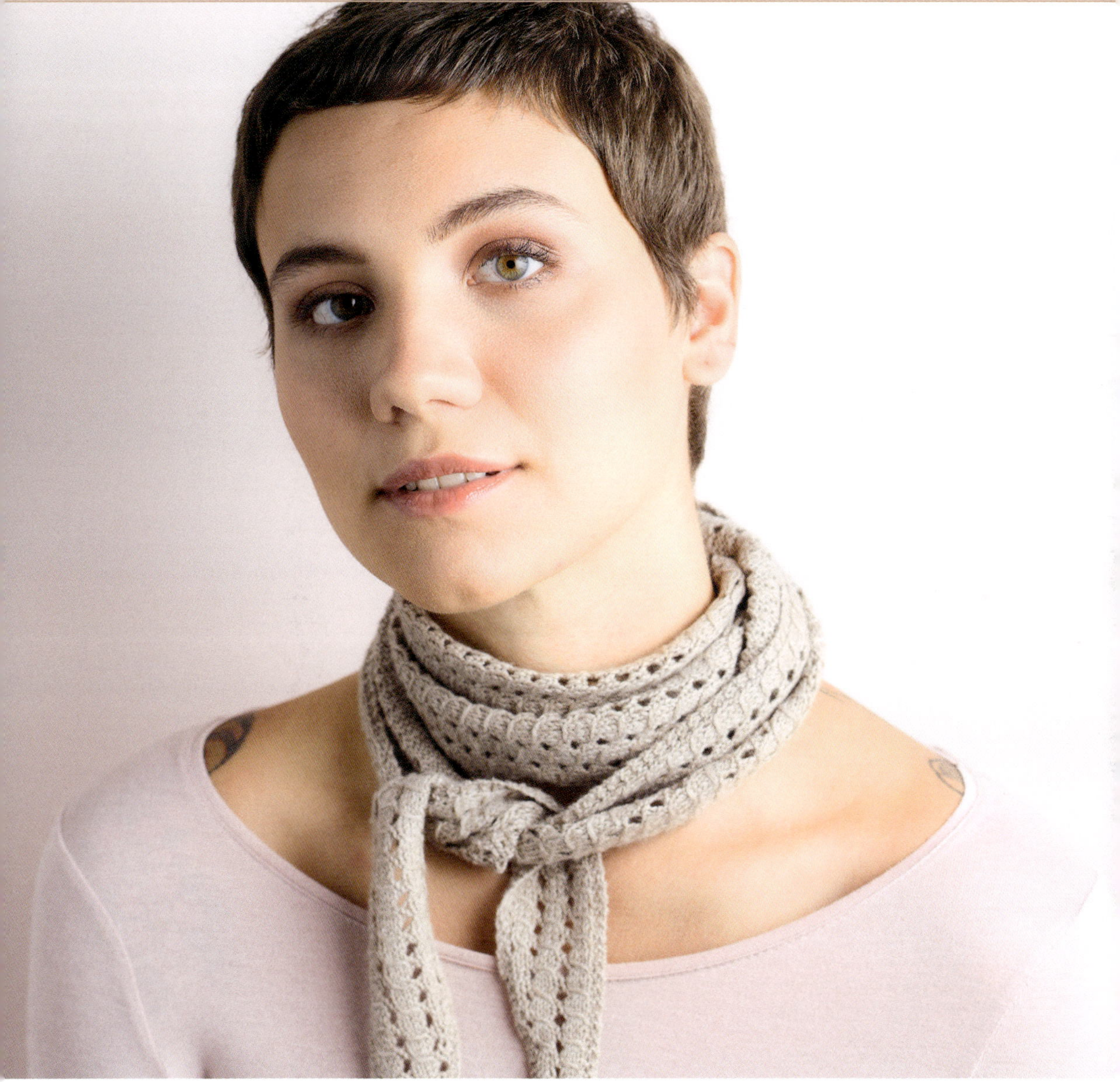

Im Lochmuster gemäß Strickschrift 3 für die Abnahmen str. Die 1.-16. R fortlaufend wdh, bis 12 M auf der Nd sind, dabei mit den M vor dem Rapport beginnen, den Rapport fortlaufend wdh und mit den M nach dem Rapport enden. Dann die 17.-48. R 1x str. Alle M abk.

Fertigstellen

Alle Fäden vernähen. Das Tuch anfeuchten und auf die angegebene Größe spannen, trocknen lassen.

Agnes

dekoratives Zackenmuster

GRÖSSE
ca. 124 cm x 13 cm

MATERIAL

- Lamana Como (LL 120 m/25 g) in Gletscherblau (Fb 76), 50 g
- Rundstricknadel 3,5 mm, 60 cm lang
- Wollnadel

MASCHENPROBE
Im Zackenmuster mit Nd 3,5 mm

25 M und 32 R = 10 cm x 10 cm

STRICKSCHRIFT
Bogen 1A

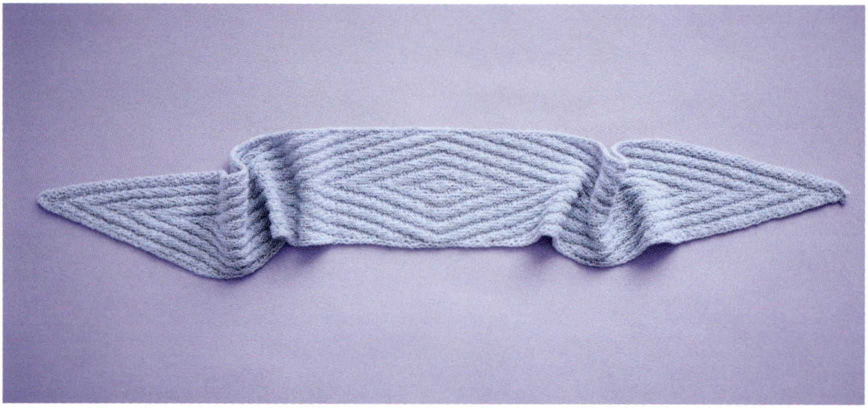

Randmaschen

Über die ersten und letzten beiden M jeder R eine doppelte Rdm str. Dafür jeweils die 1. M wie zum Linksstr mit dem Faden vor der Arbeit abheben und die 2. M rechts str.

Zackenmuster

Nach der Strickschrift str. Es sind nur die Hinr gezeichnet. In den Rückr die zugenommenen M rechts str, alle anderen M str, wie sie erscheinen. Die 1.-72. R 1x str. Die 73.-88. R (hellgrau hinterlegt) 8x str. Die 89.-104. R (dunkelgrau hinterlegt) 8x str. Die 105.-172. R 1x str.

Anleitung

5 M anschl. Im Zackenmuster gemäß Strickschrift str. Die 1.-72. R 1x str, dann die 73.-88. R (hellgrau hinterlegt) 8x str. Die Schalmitte ist erreicht. Die 89.-104. R (dunkelgrau hinterlegt) 8x str. Danach die 105.-172. R 1x str. In der letzten R alle M abk.

Fertigstellen

Alle Fäden vernähen. Das Tuch anfeuchten und auf die angegebene Größe spannen, trocknen lassen.

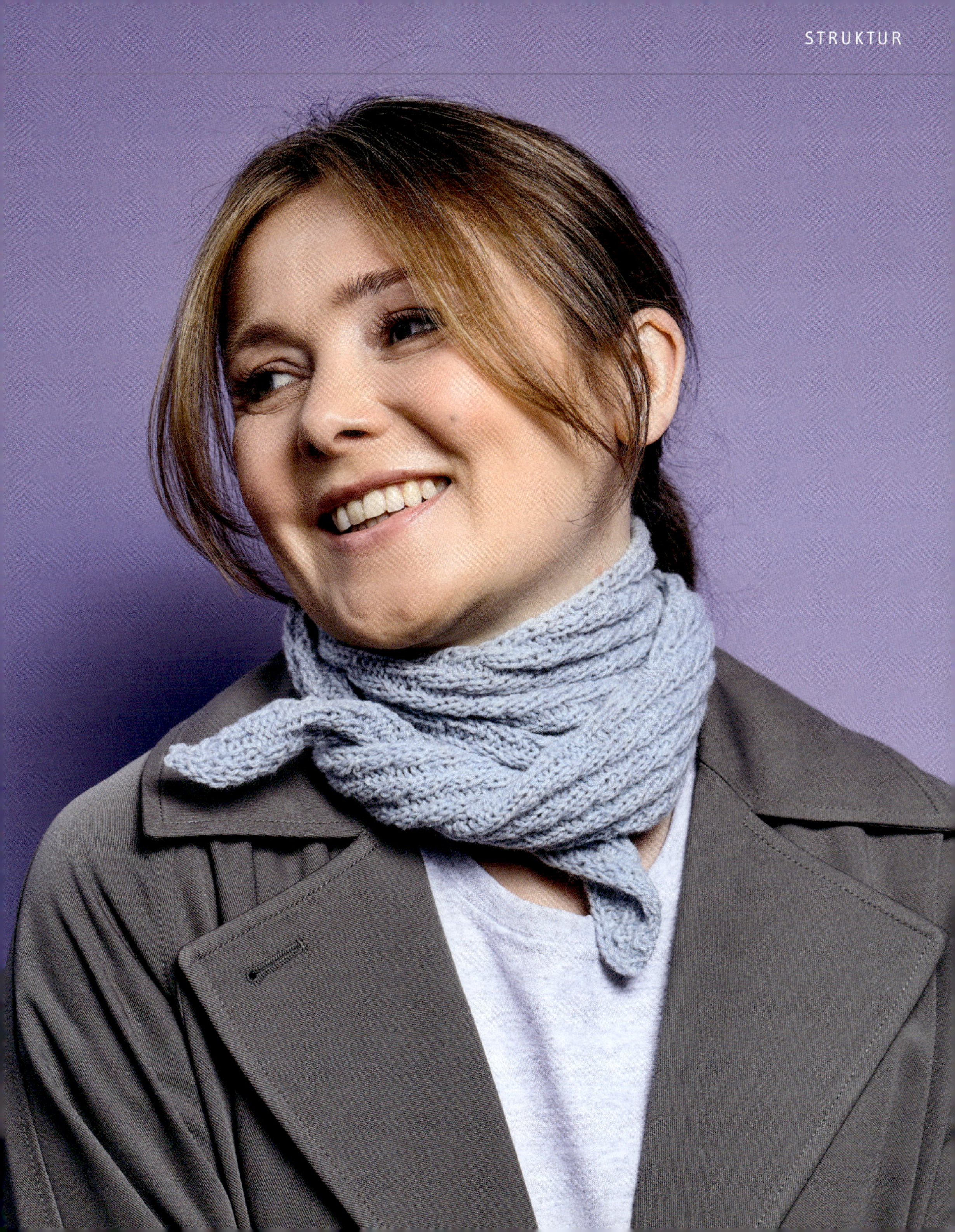

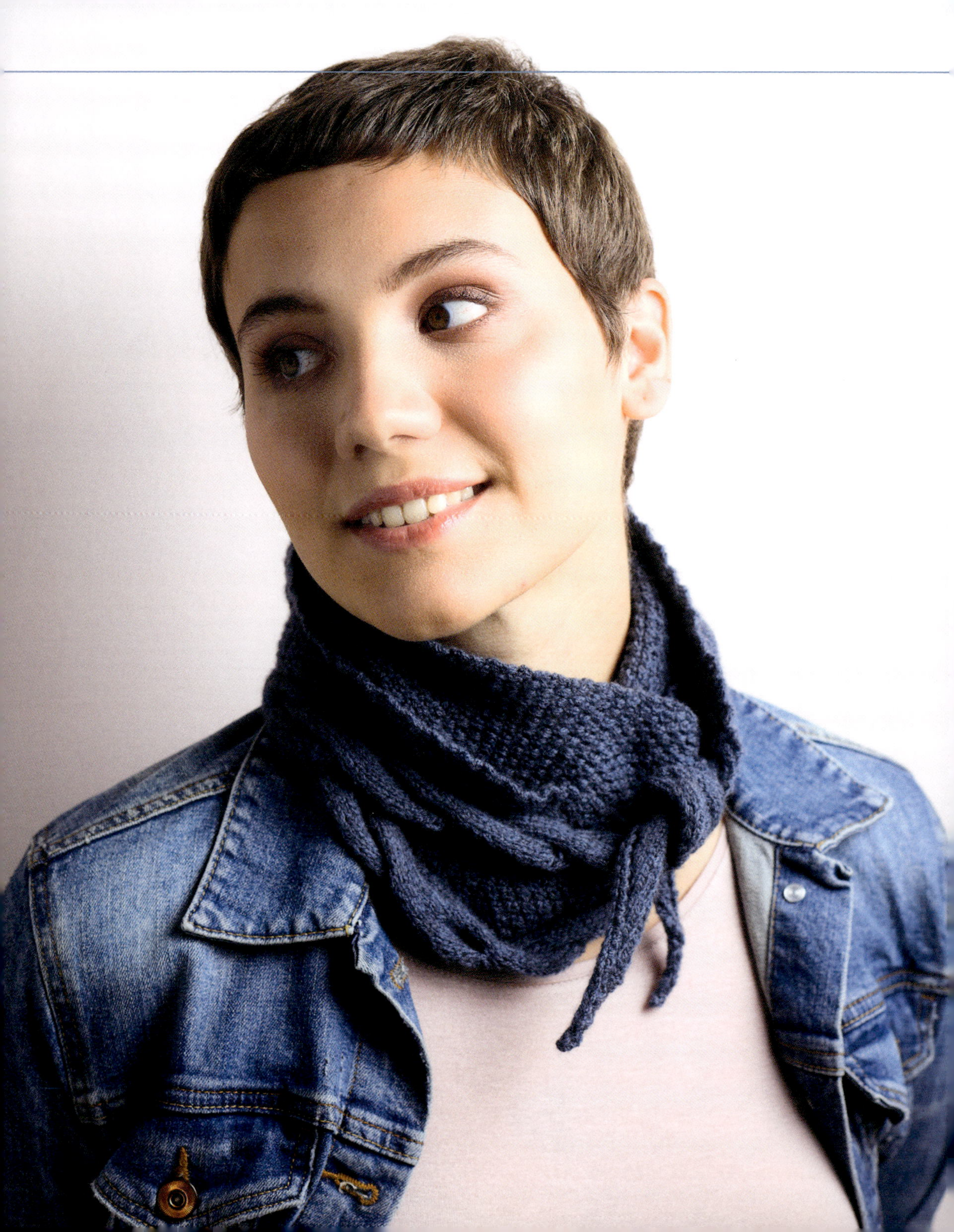

Iben

mit elegantem Zopfrand

GRÖSSE
ca. 125 cm x 17 cm

MATERIAL

- Lana Grossa Cashmere 16 fine (LL 320 m/50 g) in Graublau (Fb 5), 50 g
- Rundstricknadel 4,0 mm, 60 cm lang
- Wollnadel

MASCHENPROBE
Im Gerstenkornmuster mit Nd 4,0 mm

28 M und 44 R = 10 cm x 10 cm

STRICKSCHRIFTEN
Seite 45

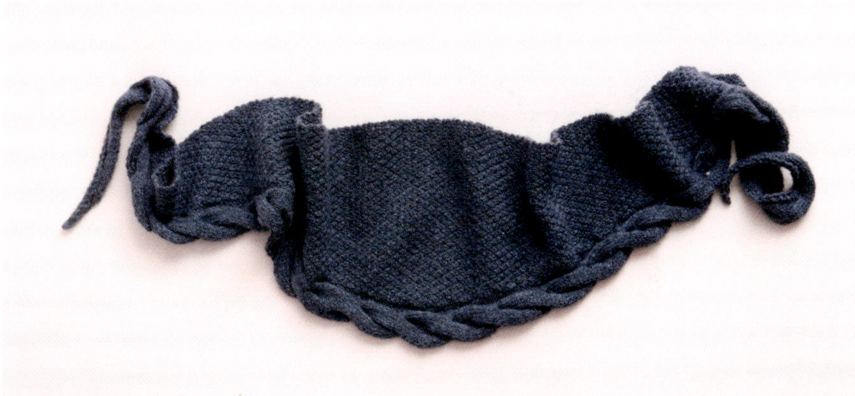

Randmaschen/Knötchenrand

Die erste und letzte M jeder R rechts str.

Gerstenkornmuster mit Zopfrand

Nach den Strickschriften str.

Strickschrift 1 – Zunahmen
Es sind nur die Hinr gezeichnet. In den Rückr alle M str, wie sie erscheinen.
Die 1.-82. R 1x str, dann die 83.-98. R fortlaufend wdh, bis 63 M auf der Nd sind. Dabei mit den M vor dem Rapport beginnen, den Rapport (grau hinterlegt) fortlaufend wdh und mit den M nach dem Rapport enden.

Strickschrift 2 – Abnahmen
Es sind nur die Hinr gezeichnet. In den Rückr alle M str, wie sie erscheinen.
Die 1.-16. R fortlaufend wdh, bis 23 M auf der Nd sind. Dabei mit den M vor dem Rapport beginnen, den Rapport (grau hinterlegt) fortlaufend wdh und mit den M nach dem Rapport enden. Dann die 17.-98. R 1x str.

Anleitung

3 M anschl. Im Zopfmuster gemäß Strickschrift 1 str. Die 1.-82. R 1x str, dann die 83.-98. R fortlaufend wdh, bis 63 M auf der Nd sind, dabei mit den M vor dem Rapport beginnen, den Rapport fortlaufend wdh und mit den M nach dem Rapport enden. Die Tuchmitte ist erreicht. Weiter im Zopfmuster gemäß Strickschrift 2 arb. Die 1.-16. R fortlaufend wdh, bis 23 M auf der Nd sind, dabei mit den M vor dem Rapport beginnen, den Rapport fortlaufend wdh und mit den M nach dem Rapport enden. Die 17.-98. R 1x str. Alle M abk.

Fertigstellen

Alle Fäden vernähen. Das Tuch anfeuchten und auf die angegebene Größe spannen, trocknen lassen.

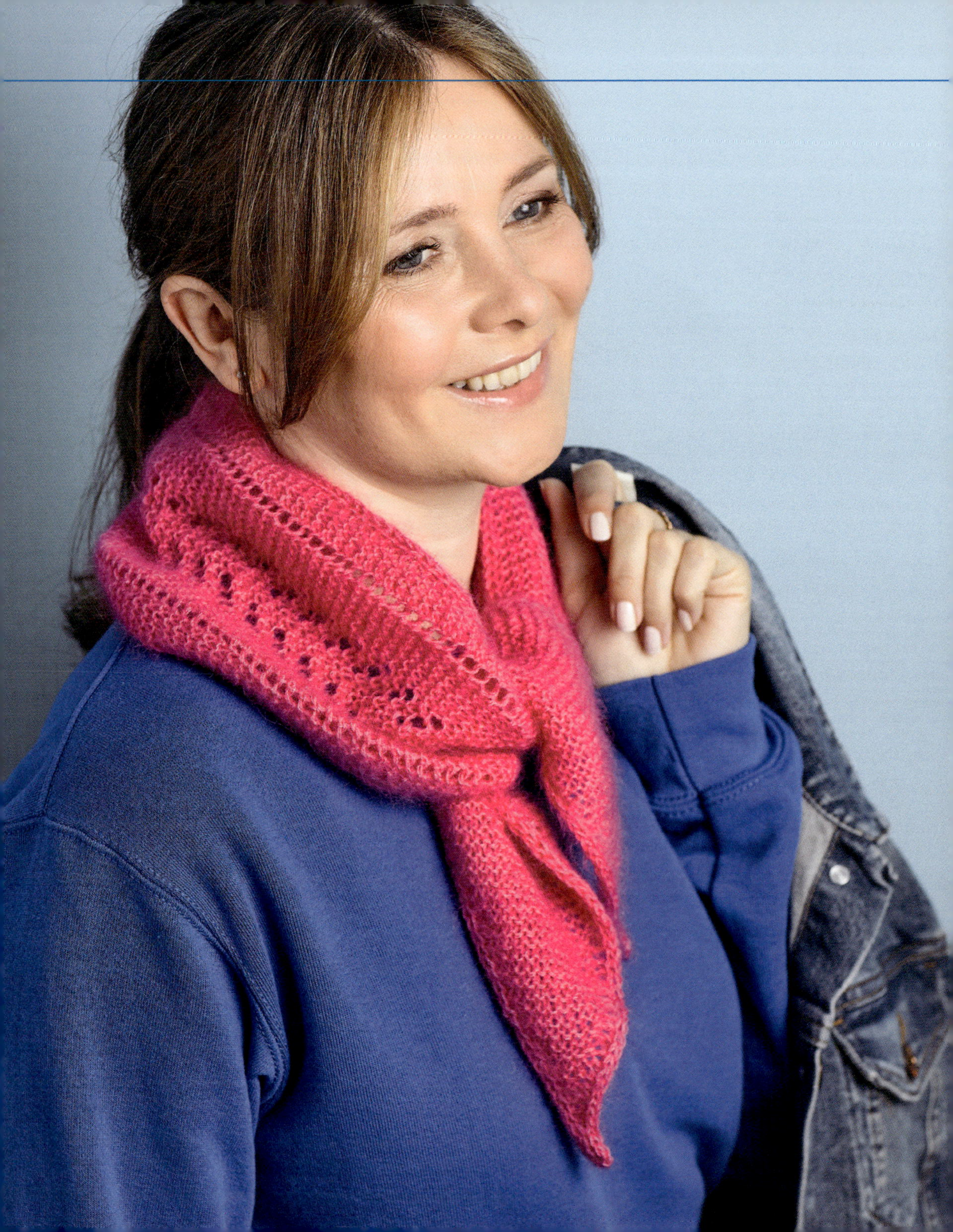

Lykke

aus flauschigem Mohair

GRÖSSE
ca. 102 cm x 14 cm

MATERIAL
- Pascuali Mohair Bliss (LL 300 m/ 25 g) in Azur (Fb 810) oder Lana Grossa Silkhair (LL 210 m/25 g) in Orchidee (FB 194), 25 g
- Pascuali Puno (LL 200 m/50 g) in Himmel (Fb 57) oder Lana Grossa Cool Wool Lace (400 m/50 g) in Pink (Fb 46), 50 g
- Rundstricknadel 4,0 mm, 60 cm lang
- Wollnadel

MASCHENPROBE
Mit je 1 Faden Mohair Bliss und Puno bzw. Silkhair und Cool Wool Lace glatt rechts mit Nd 4,0 mm

20 M und 40 R = 10 cm x 10 cm

STRICKSCHRIFT
Seite 40

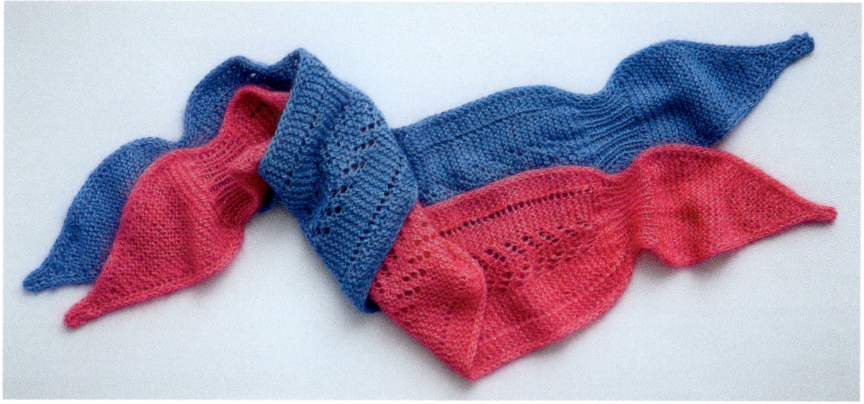

Kraus rechts
In Hin- und Rückr rechte M str.

1 Masche linksgeneigt zunehmen
Mit der linken Nd von vorne unter dem Querfaden zur nächsten M einstechen und so eine neue M auf die Nd heben. Diese M rechts verschränkt str.

1 Masche rechtsgeneigt zunehmen
Mit der linken Nd von hinten unter dem Querfaden zur nächsten M einstechen und so eine neue M auf die Nd nehmen. Diese M rechts str.

1 Masche verdoppeln
1 M rechts str, die M jedoch auf der linken Nd belassen. Noch einmal von vorne in dieselbe M einstechen und die M rechts verschränkt str. Die M von der linken Nd gleiten lassen.

Randmaschen/I-Cord-Rand
Die Rdm als I-Cord-Rand über je 3 M str. Die ersten 3 M jeder R rechts str und die letzten 3 M jeder R wie zum Linksstr mit dem Faden vor der Arbeit abheben.

Abnahme-Reihe
I-Cord-Rand, 2 M rechts zusammenstr, bis 5 M vor R-Ende rechts str, 2 M rechts überzogen zusammenstr (= 1 M wie zum Rechtsstr abheben, 1 M rechts, die abgehobene M über die gestrickte M ziehen), I-Cord-Rand.

Rippenmuster
1 M rechts und 1 M links im Wechsel str. In den Rückr die M str, wie sie erscheinen.

Lochmuster
Nach der Strickschrift str. Es sind nur die Hinr gezeichnet. In den Rückr alle M und U rechts str. Die 1.-6. R fortlaufend wdh.

Anleitung

6 M mit doppeltem Faden in Azur und Himmel oder Orchidee und Pink anschl.

1.-8. R: Über die 6 M wie angegeben den I-Cord-Rand str. Ab der 9. R zwischen dem I-Cord-Rand kraus rechts str. In der folgenden Hinr nach dem I-Cord-Rand 1 M linksgeneigt zunehmen (= 7 M). In der folgenden 6. R nach dem I-Cord-Rand 1 M linksgeneigt und vor dem I-Cord-Rand 1 M rechtsgeneigt zunehmen (= 9 M). Nun in jeder 4. R 9x die erste M nach und die letzte M vor dem I-Cord-Rand verdoppeln (= 27 M). Danach diese Zunahmen in jeder 6. R noch 2x str (= 31 M). Dann 7 R ohne Zunahmen arb. Die nächste R wie folgt str: I-Cord-Rand, 3x [2 M rechts zusammenstr, 2 M links zusammenstr], 1 M rechts, 3x [2 M links zusammenstr, 2 M rechts zusammenstr], I-Cord-Rand (= 19 M). Zwischen den I-Cord-M im Rippenmuster ca. 5 cm str.

Dann in der folgenden Hinr alle M zwischen den Rdm rechts str und verdoppeln (= 32 M). Weiter kraus rechts zwischen dem I-Cord-Rand arb, dabei in der 3. und der folgenden 2. R die erste M nach und die letzte M vor dem I-Cord-Rand verdoppeln (= 36 M).

Nun zwischen dem I-Cord-Rand im Lochmuster bis zu einer Gesamtlänge von ca. 82 cm arb.

Dann zwischen dem I-Cord-Rand kraus rechts str. In der 1. und der folgenden 2. R 2 Abnahme-R str (= 32 M). Dann 2 R ohne Abnahmen str. In der nächsten Hinr zwischen dem I-Cord-Rand jeweils 2 M rechts und 2 M links zusammenstr, enden mit 2 M rechts, I-Cord-Rand (= 19 M). Im Rippenmuster (2 M rechts, 2 M links im Wechsel, mit 2 M rechts enden) zwischen den I-Cord-M ca. 5 cm str.

In der nächsten Hinr wie folgt str: I-Cord-Rand, 6x 1 M rechts verdoppeln, 1 M rechts, 6x 1 M rechts verdoppeln, I-Cord-Rand (= 31 M). 7 R ohne Zunahmen zwischen dem I-Cord-Rand kraus rechts arb. 1 Abnahme-R und 1 weitere Abnahme-R in der folgenden 6. R, dann noch 5 R ohne Abnahmen str. In der nächsten und jeder folgenden 4. R insgesamt 9 Abnahme-R arb (= 9 M). 3 R ohne Abnahmen str. Die nächste R wie folgt str: 2 I-Cord-M rechts str, die letzte I-Cord-M mit der nächsten M rechts überzogen zusammenstr, 2 M rechts überzogen zusammenstr, I-Cord-Rand (= 7 M). 5 R str, in der nächsten R die 3. der ersten I-Cord-M mit der nächsten M rechts zusammenstr. 6 R ohne Abnahmen über die 6 I-Cord-M str. Alle M abk.

Fertigstellen

Alle Fäden vernähen. Das Tuch anfeuchten und auf die angegebene Größe spannen, trocknen lassen.

Ester

Patchwork im Marinelook

GRÖSSE
ca. 128 cm x 16 cm

MATERIAL
- Pascuali Merino Baby (LL 220 m/ 50 g), in Mango (Fb 323), Schiefer (Fb 303) und Beige (Fb 305), je 50 g
- Rundstricknadel 3,0 mm, 60 cm lang
- 2 Nadelspielnadeln, 2,0 mm
- Wollnadel
- Sicherheitsnadel

MASCHENPROBE
Kraus rechts mit Nd 3,0 mm

30 M und 56 R = 10 cm x 10 cm

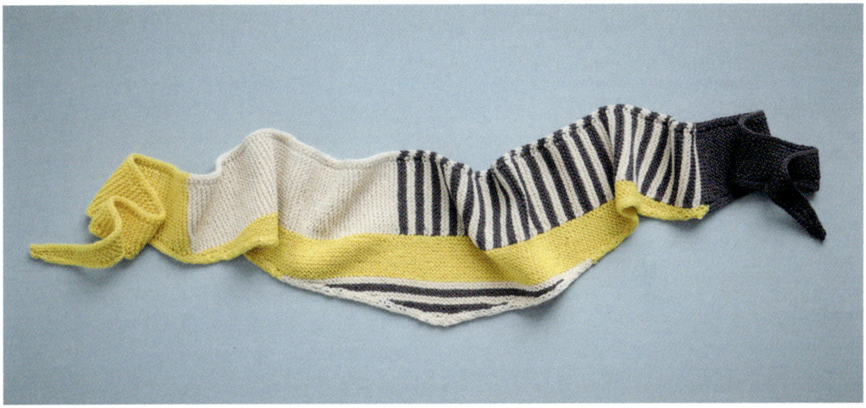

Kraus rechts
In Hin- und Rückr rechte M str.

Randmaschen/I-Cord-Rand
Die Rdm als I-Cord-Rand über je 3 M str. Die ersten 3 M jeder R rechts str und die letzten 3 M jeder R wie zum Linksstr mit dem Faden vor der Arbeit abheben.

Randmaschen/Knötchenrand
Die erste und letzte M jeder R rechts str.

Anleitung

In Mango 6 M anschl.
1.-10. R: Über die 6 M wie angegeben den I-Cord-Rand str.
Ab der 11. R zwischen den Rdm (I-Cord-Rand) kraus rechts str, dabei in jeder 8. R die 3. M des I-Cord-Rands verdoppeln, bis 26 M auf der Nadel sind.
Die ersten 3 M (= I-Cord) stilllegen und über die restlichen M 144 R in Beige kraus rechts str, dabei an der linken Kante den I-Cord Rand weiterführen und an der rechten Kante einen Knötchenrand str.
Über die folgenden 200 R im Wechsel 4 R in Schiefer und 4 R in Beige in gleicher Einteilung str.
In Schiefer 3 M neu anschl und über 23 M kraus rechts mit beidseitigem I-Cord-Rand str (= 26 M), dabei für die seitliche Schrägung in jeder 8. R die ersten beiden M nach dem I-Cord-Rand rechts zusammenstr, bis nur noch 7 M auf der Nd sind. In der folgenden 8. R die 3. der ersten I-Cord-M mit der folgenden M rechts zusammenstr (= 6 M).
10 R über die verbleibenden 6 M den I-Cord-Rand str, in der letzten R alle M abk.

In Mango aus der Knötchenrandkante 172 M herausstr und kraus rechts mit verkürzten R str. Dafür bis 4 M vor R-Ende rechte M str, die Arbeit wenden, 1 Dm arb, rechte M bis 4 M vor R-Ende str, die Arbeit wenden, * 1 Dm arb, bis 3 M vor die nächste Dm rechts str. Ab * fortlaufend wdh, bis 24 R in Mango gestrickt sind. Danach 4 R in Beige und 4 R in Schiefer im Wechsel str, dabei die verkürzten R fortführen, bis zwischen den Dm noch 4 M liegen. Die Arbeit stilllegen.

Fertigstellen

Die stillgelegten 3 M auf die Spielnd heben und in Mango wie folgt den I-Cord-Rand arb: * 2 M rechts str, die 3. M mit der folgenden stillgelegten M der verkürzten R rechts überzogen zusammenstr. Die Arbeit nicht wenden, sondern die M wieder an den Nd-Anfang schieben und ab * fortlaufend wdh, bis alle M in Mango verstrickt sind. Darauf achten, dass beim Abstricken der Dm beide M-Glieder erfasst werden. Genauso über den gestreiften Teil in Beige str und danach den I-Cord in Mango bis zum Beginn des schieferfarbenen Teils str. Alle M abk. Die Abkettkante mit den neu angeschlagenen M zusammennähen.

Alle Fäden vernähen. Das Tuch anfeuchten und auf die angegebene Größe spannen, trocknen lassen.

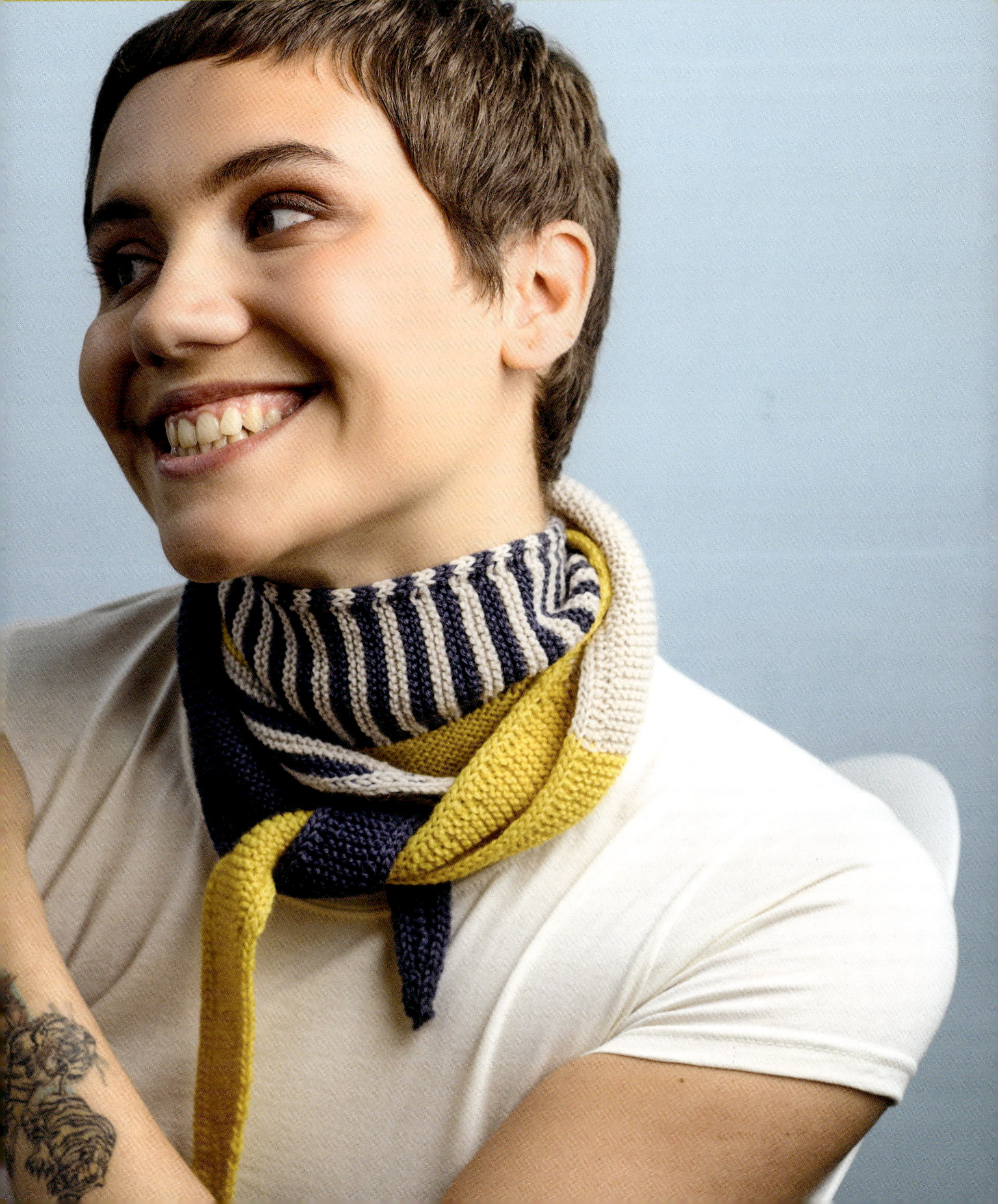

Vera

aus edlem Kaschmir

GRÖSSE
ca. 120 cm x 19 cm

MATERIAL
- Lamana Roma (LL 160 m/20 g) in Silbergrau (Fb 05), 20 g
- Rundstricknadel 4,0 mm, 60 cm lang
- Wollnadel

MASCHENPROBE
Im Ajourmuster mit Nd 4,0 mm

20 M und 40 R = 10 cm x 10 cm

STRICK-SCHRIFTEN
Bogen 1A

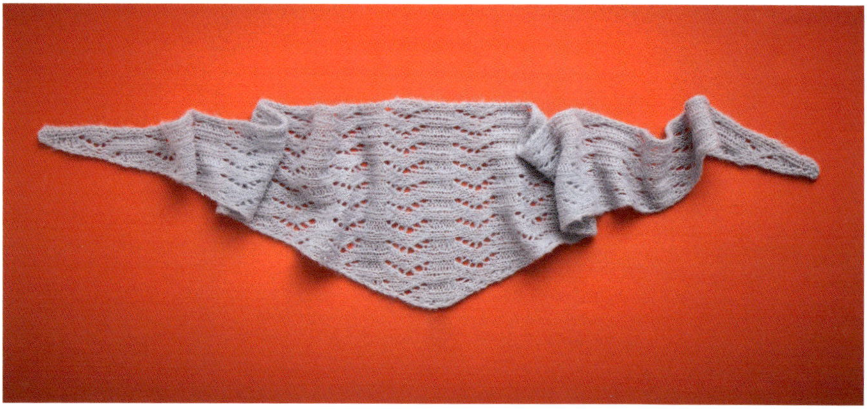

Doppelte Randmaschen

Über die ersten und letzten beiden M jeder R wie folgt str: 1 M wie zum Linksstr abheben, 1 M rechts, bis 2 M vor R-Ende mustergemäß str, 1 M wie zum Linksstr abheben, 1 M rechts str.

1 Masche linksgeneigt zunehmen

Mit der linken Nd von vorne unter dem Querfaden zur nächsten M einstechen und so eine neue M auf die Nd heben. Diese M rechts verschränkt str.

Ajourmuster

Nach den Strickschriften str.

Strickschrift 1
Es sind nur die Hinr gezeichnet. In den Rückr alle M mustergemäß und die U links str.
Die 1.-94. R 1x str. Dann die 15.-90. R 1x str. dabei mit den M vor dem Rapport beginnen, den Rapport (grau hinterlegt) fortlaufend wdh und mit den M nach dem Rapport enden.

Strickschrift 2
Es sind nur die Hinr gezeichnet. In den Rückr alle M mustergemäß und die U links str. Die 1.-84. R 1x str. Dabei mit den M vor dem Rapport beginnen, den Rapport (grau hinterlegt) fortlaufend wdh und mit den M nach dem Rapport enden. Dann die 85.-168. R 1x str.

Anleitung

5 M anschl. Im Ajourmuster gemäß Strickschrift 1 die 1.-94. R 1x str, dabei in der 15.-91. R mit den M vor dem Rapport beginnen, den Rapport (grau hinterlegt) fortlaufend wdh und mit den M nach dem Rapport enden. Dann die 15.-90. R 1x str (= 47 M). Die Tuchmitte ist erreicht.
Im Ajourmuster gemäß Strickschrift 2 str.
Die 1.-84. R 1x str, dabei mit den M vor dem

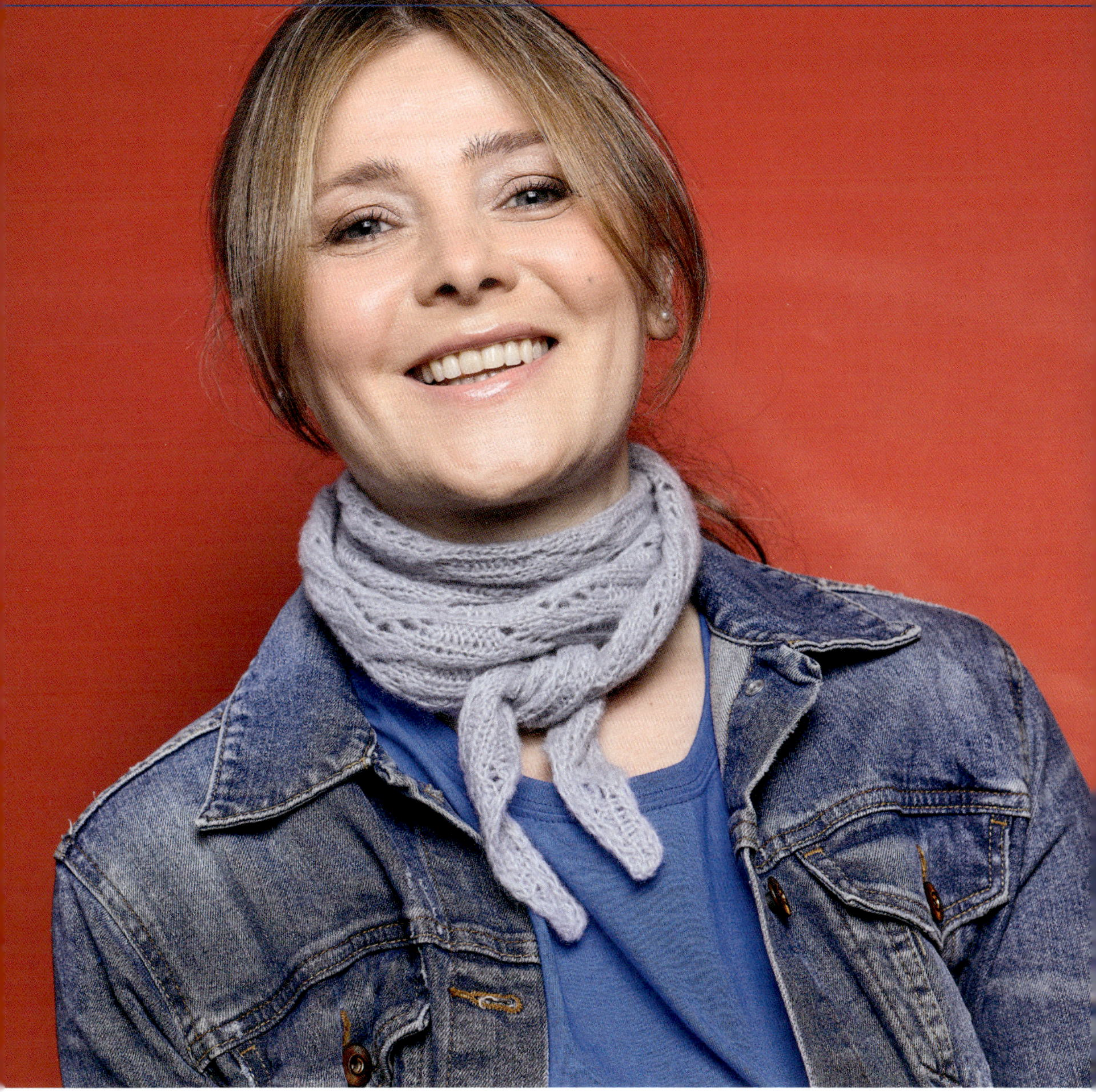

Rapport beginnen, den Rapport (grau hinterlegt) fortlaufend wdh und mit den M nach dem Rapport enden. Dann die 85.-168. R 1x str. Alle M abk.

Fertigstellen

Alle Fäden vernähen. Das Tuch anfeuchten und auf die angegebene Größe spannen, trocknen lassen.

Svea

ein Hauch von Lace

GRÖSSE
ca. 130 cm x 18 cm

MATERIAL
- Lana Grossa Cool Wool Lace (LL 400 m/50 g) in Azurblau (Fb 48), 50 g
- Rundstricknadel 2,5 mm, 60 cm lang
- Wollnadel

MASCHENPROBE
Im Lacemuster mit Nd 2,5 mm

44 M und 58 R = 10 cm x 10 cm

STRICKSCHRIFT
Bogen 1B

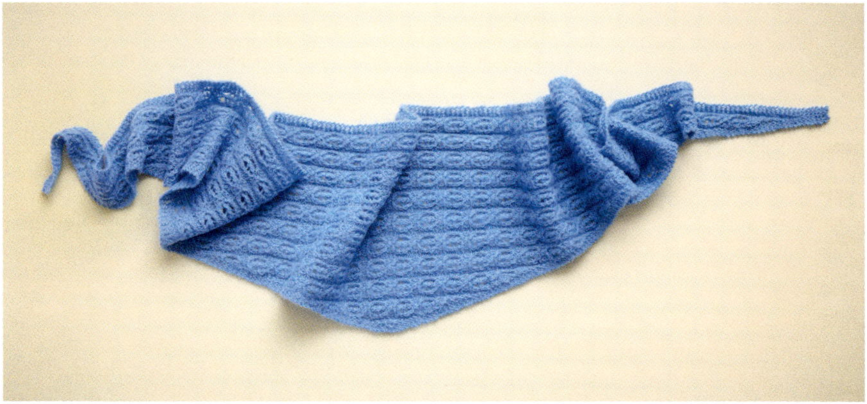

Randmaschen

Die Rdm als Kraus-rechts-Rand über je 3 M str. Dafür die ersten und letzten 3 M jeder R rechts str.

Lacemuster

Nach der Strickschrift str. Es sind nur die Hinr gezeichnet. In den Rückr die ersten und letzten 3 M (= Rdm) kraus rechts str, alle anderen M str, wie sie erscheinen, die U links str. Die 1.-154. R 1x str, die 59.-154. R 2x wdh, dann die 155.-250. R 2x str. Dabei die M vor dem Rapport str, den Rapport (grau hinterlegt) fortlaufend wdh und mit den M nach dem Rapport enden. Zum Schluss die 155.-306. R 1x str.

Anleitung

5 M anschl. Im Lacemuster nach der Strickschrift str. Die 1.-154. R 1x str, dann die 59.-154. R 2x wdh (= 90 M), dabei die M vor dem Rapport str, den Rapport (grau hinterlegt) fortlaufend wdh und mit den M nach dem Rapport enden. Die Tuchmitte ist erreicht. Die 155.-250. R 2x str und die 155.-306. R 1x str, dabei die M vor dem Rapport str, den Rapport (grau hinterlegt) fortlaufend wdh und mit den M nach dem Rapport enden. Alle M abk.

Fertigstellen

Alle Fäden vernähen. Das Tuch anfeuchten und auf die angegebene Größe spannen, trocknen lassen.

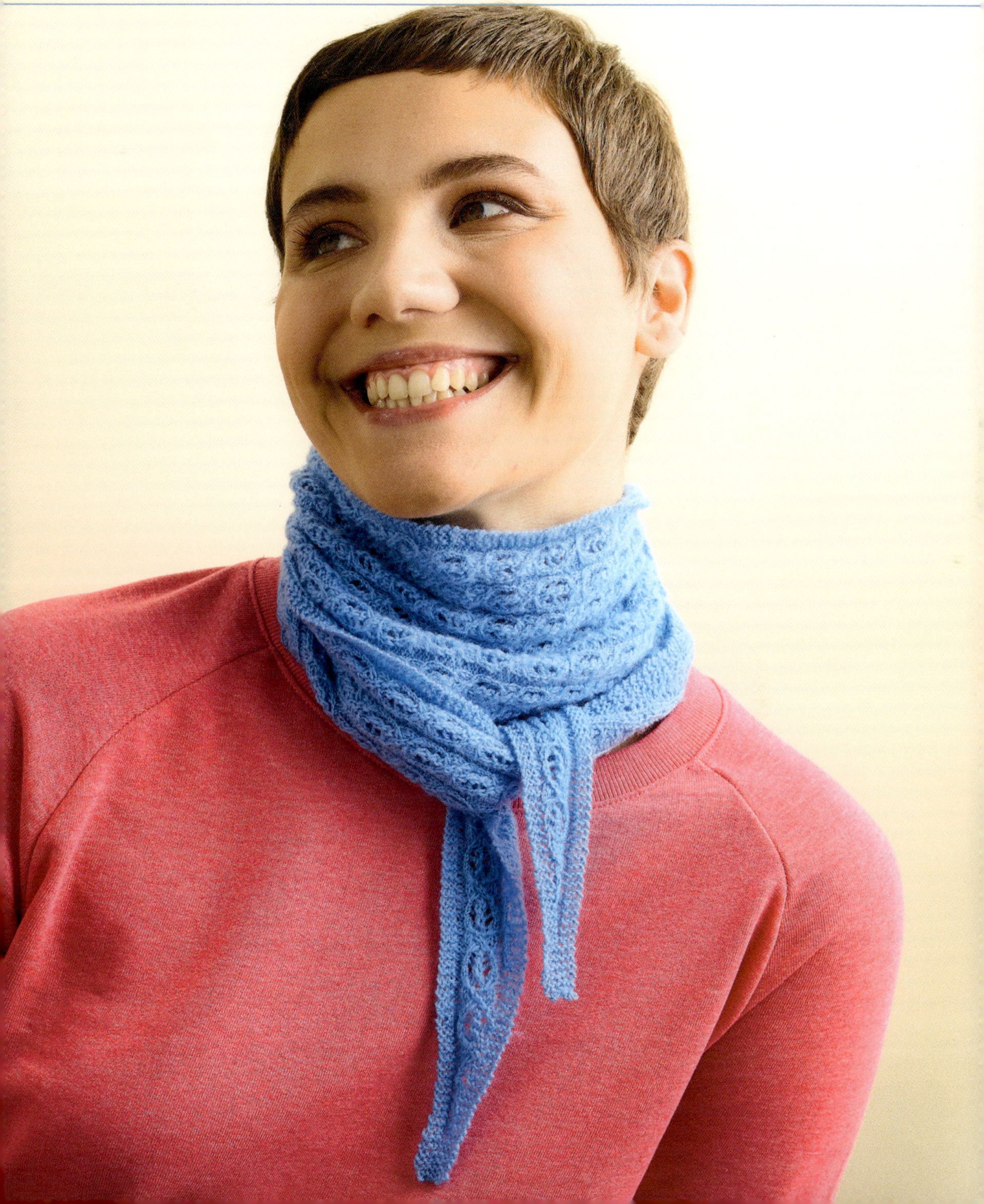

Nilla

farbenfroh in den Sommer

GRÖSSE
ca. 140 cm x 20 cm

MATERIAL
- Lana Grossa Setasuri (LL 212 m/25 g) in Creme (Fb 02), Orange (Fb 57), Jadegrün (Fb 61) und Bonbonrosa (Fb 32), je 25 g
- Rundstricknadel 3,5 mm, 60 cm lang
- Wollnadel

MASCHENPROBE
Glatt rechts mit Nd 3,5 mm

26 M und 32 R = 10 cm x 10 cm

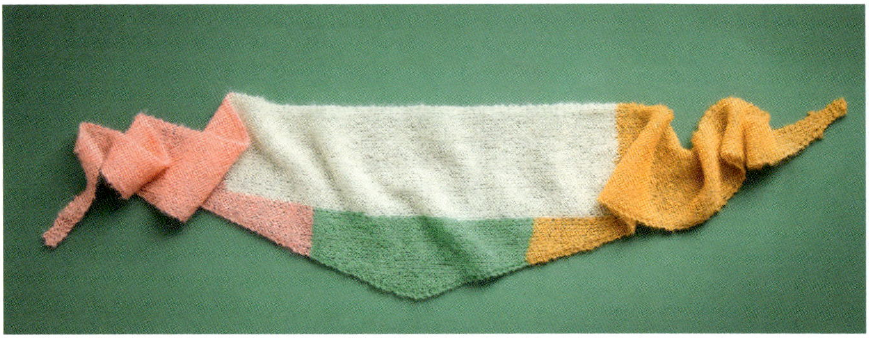

Randmaschen
Die ersten und letzten 2 M jeder R kraus rechts str.

Kraus rechts
In Hin- und Rückr rechte M str.

Glatt rechts
In Hinr rechte M, in Rückr linke M str.

1 Masche linksgeneigt zunehmen
Mit der linken Nd von vorne unter dem Querfaden zur nächsten M einstechen und so eine neue M auf die Nd heben. Diese M rechts verschränkt str.

Anleitung

In Bonbonrosa 4 M anschl. 8 R über die 4 M kraus rechts str.
Dann zwischen den Rdm glatt rechts str, dabei in der nächsten und jeder folgenden 4. R nach den beiden Rdm jeweils 1 M linksgeneigt zunehmen, bis 39 M auf der Nd sind.
In der nächsten Hinr mit der Intarsientechnik beginnen, dabei die ersten 8 M in Bonbonrosa, die restlichen 31 M in Creme str. Beim Farbwechsel stets die beiden Fäden miteinander verkreuzen, um Löcher zu vermeiden. An der rechten Kante in jeder 4. R weiterhin nach den beiden Rdm jeweils 1 M linksgeneigt zunehmen, bis 13 M in Bonbonrosa an der rechten Kante gestrickt sind. Von Bonbonrosa zu Jadegrün wechseln. An der rechten Kante weiterhin in jeder 4. R nach den beiden Rdm 1 M linksgeneigt zunehmen, bis 22 M in Jadegrün auf der Nadel sind (= 53 M insgesamt). Die Tuchmitte ist erreicht.
An der rechten Kante in jeder 4. R die beiden M nach den Rdm rechts zusammenstr, bis noch 13 M in Jadegrün auf der Nd sind. Zu Orange wechseln und erneut an der rechten Kante in jeder 4. R die beiden M nach den Rdm zusammenstr, bis noch 8 M in Orange auf der Nd sind. Den Faden in Creme abschneiden und über alle M in Orange str, dabei weiter abnehmen, bis 5 M auf der Nd sind. In der folgenden 4. R die 2. Rdm mit

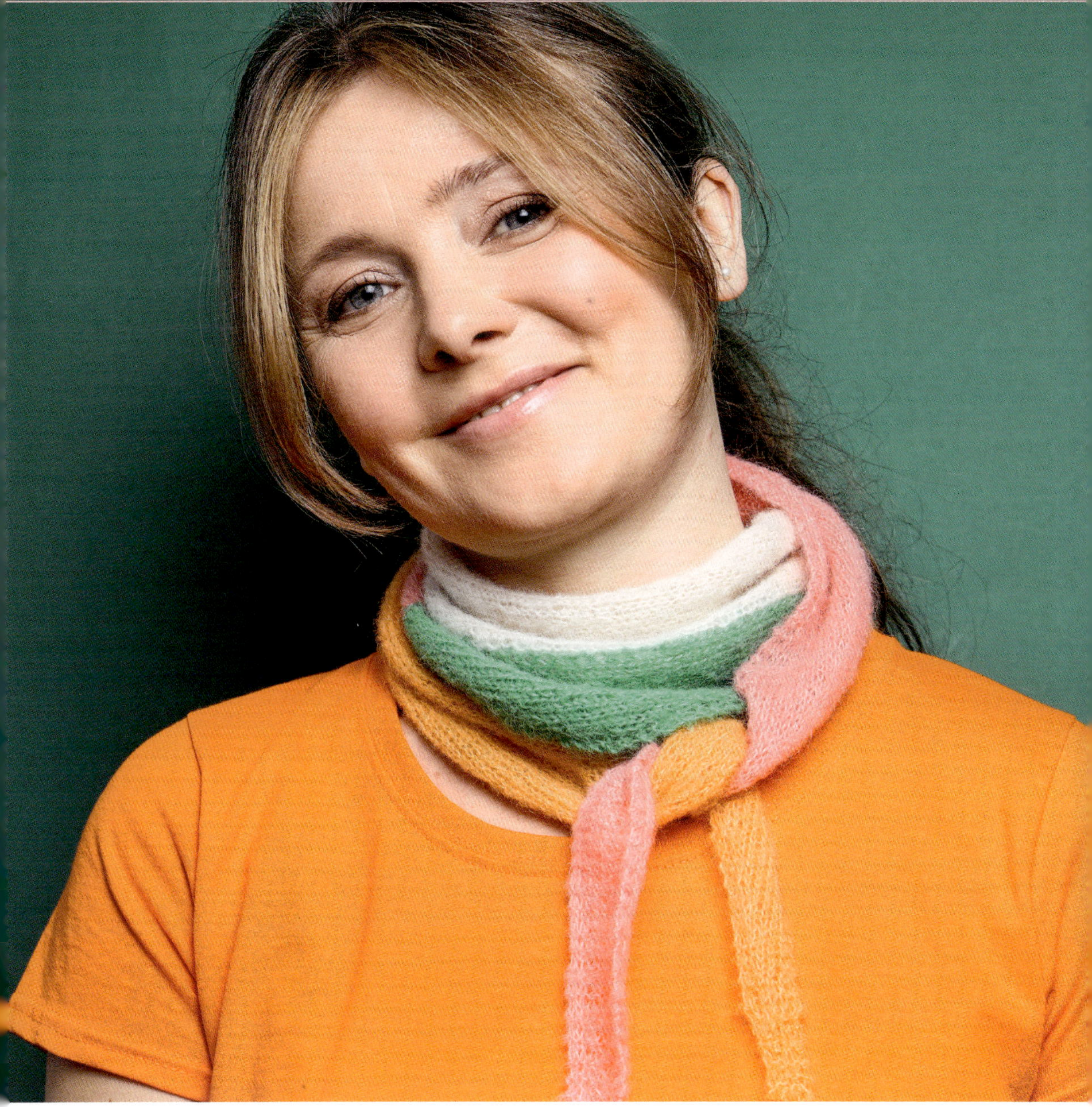

der nächsten M rechts zusammenstr (= 4 M). 8 R kraus rechts über alle M str und in der letzten R alle M abk.

Fertigstellen

Alle Fäden vernähen. Das Tuch anfeuchten auf die angegebene Größe spannen, trocknen lassen.

Leah

mit diagonalen Lochstreifen

GRÖSSE
ca. 150 cm x 23 cm

MATERIAL
- Lana Grossa Setasuri (LL 212 m/25 g) in Hellbeige (Fb 58) und Hummer (Fb 23), je 25 g
- Rundstricknadel 4,0 mm, 60 cm lang
- Wollnadel

MASCHENPROBE
Im diagonalen Lochmuster mit Nd 4,0 mm

23 M und 32 R = 10 cm x 10 cm

STRICKSCHRIFTEN
Seite 46

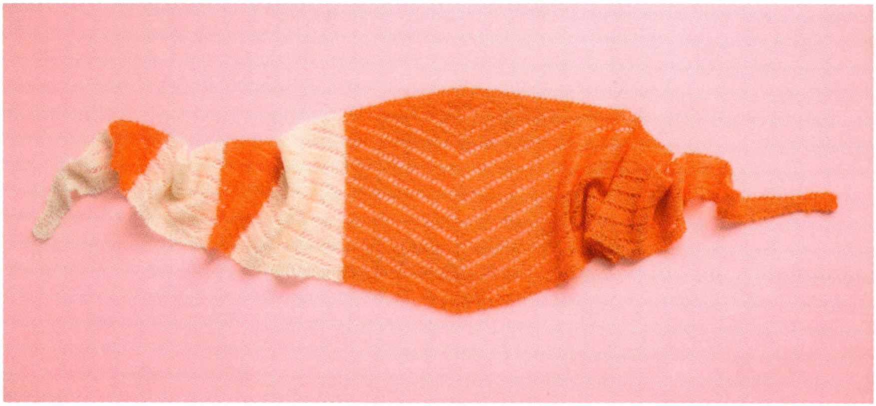

Kraus rechts
In Hin- und Rückr rechte M str.

1 Masche linksgeneigt zunehmen
Mit der linken Nd von vorne unter dem Querfaden zur nächsten M einstechen und so eine neue M auf die Nd heben. Diese M rechts verschränkt str.

Randmaschen
Die ersten und letzten 3 M jeder R rechts str.

Lochmuster
Nach den Strickschriften str.

Strickschrift 1 – Zunahmen
Es sind nur die Hinr gezeichnet. In den Rückr alle M und U links str. Die 1.-50. R 1x str, dann die 27.-50. 8x wdh, dabei mit den M vor dem Rapport beginnen, den Rapport (grau hinterlegt) fortlaufend wdh und mit den M nach dem Rapport enden.

Strickschrift 2 – Abnahmen
Es sind nur die Hinr gezeichnet. In den Rückr alle M und U links str. Die 1.-24. R 8x str, dabei mit den M vor dem Rapport beginnen, den Rapport (grau hinterlegt) fortlaufend wdh und mit den M nach dem Rapport enden. Dann die 25.-72. R 1x str.

Anleitung

In Hellbeige 6 M anschl. Im Lochmuster gemäß Strickschrift 1 für die Zunahmen str. Die 1.+2. R 4x str, dann die 1.-50. R 1x str, dabei die M vor dem Rapport str, den Rapport (grau hinterlegt) fortlaufend wdh und mit den M nach dem Rapport enden.
Nun die 27.-50. R in folgender Fb-Folge arb: 1x in Hummer, 2x in Hellbeige, 1x in Hummer, 2x in Hellbeige, 2x in Hummer,

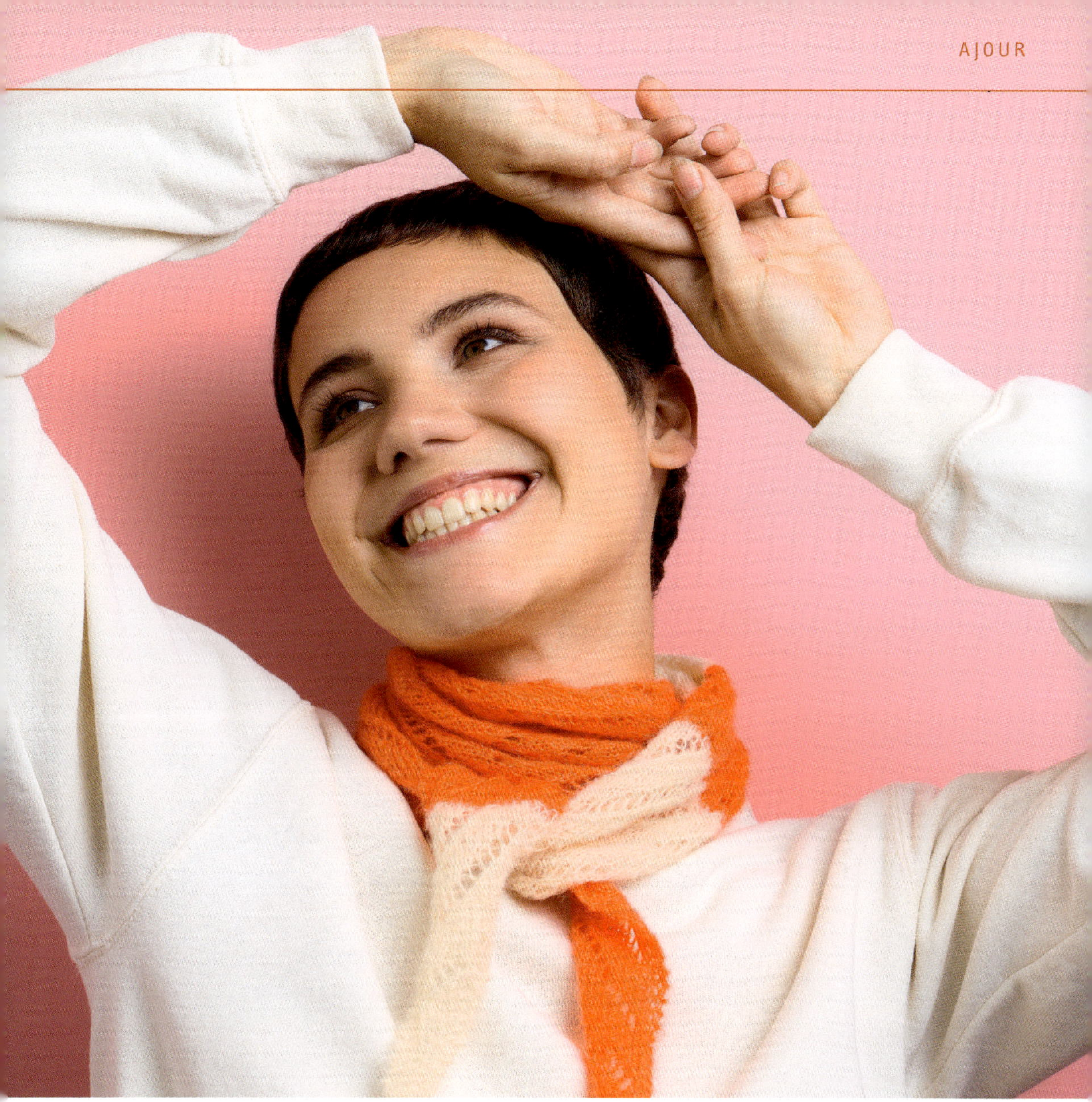

dabei stets die M vor dem Rapport str, den Rapport (grau hinterlegt) fortlaufend wdh und mit den M nach dem Rapport enden. Die Tuchmitte ist erreicht.
Nun im Lochmuster gemäß Strickschrift 2 für die Abnahmen str. Die 1.-24. R 8x str, dabei stets die M vor dem Rapport str, den Rapport (grau hinterlegt) fortlaufend wdh und mit den M nach dem Rapport enden. Die 25.-72. R 1x str und in der letzten R alle M abk.

Fertigstellen

Alle Fäden vernähen. Das Tuch anfeuchten und auf die angegebene Größe spannen, trocknen lassen.

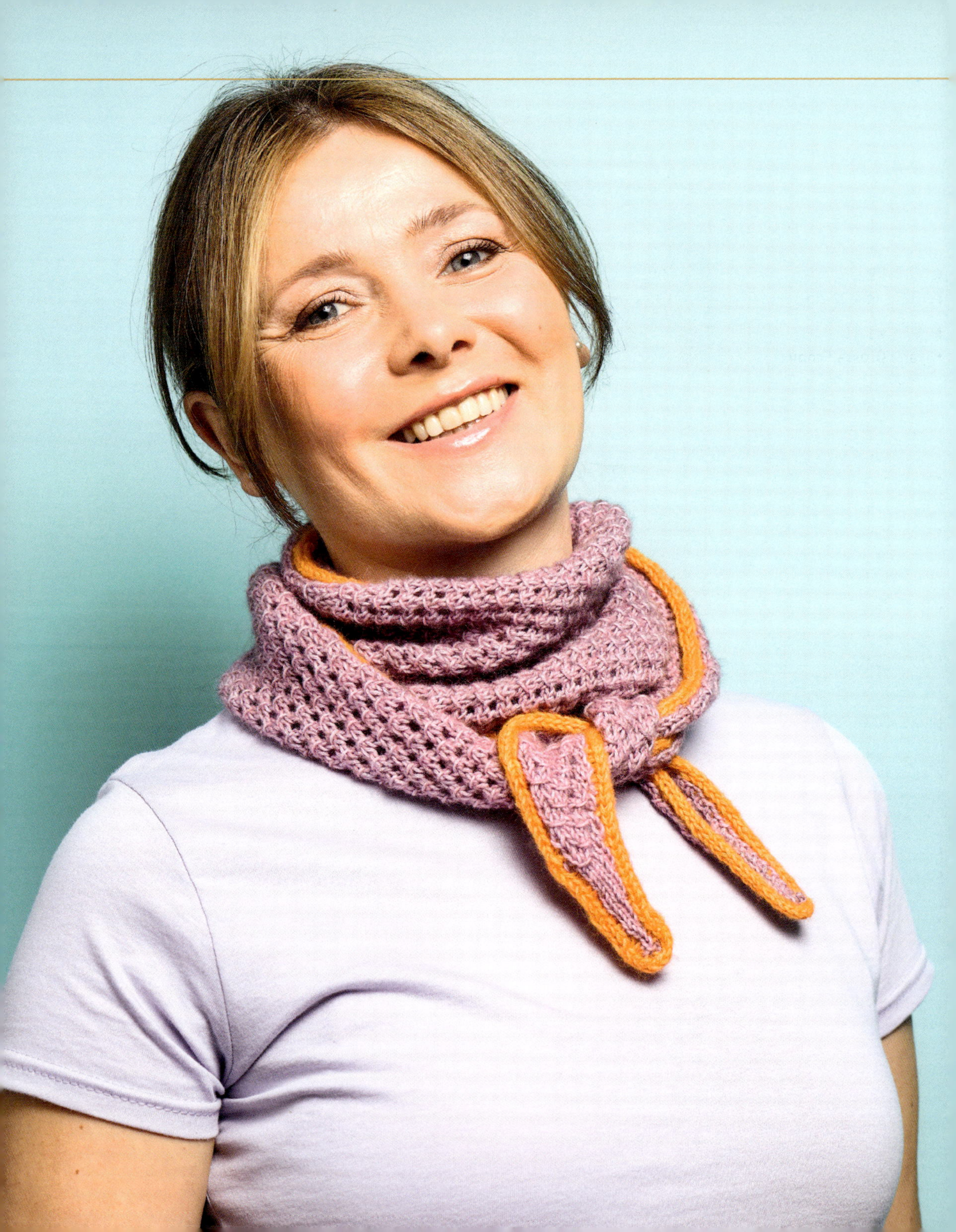

Liv

Sternchenmuster mit Kontrastrand

GRÖSSE
ca. 130 cm x 22 cm

MATERIAL
- Lana Grossa Ecopuno (LL 215 m/50 g) in Fliederlila (Fb 83) und Mandarin (Fb 72), je 50 g
- Rundstricknadel 4,0 mm, 60 cm lang
- Rundstricknadel 3,5 mm, 120 cm lang
- 2 Nadelspielnadeln 3,0-3,5 mm
- Wollnadel

MASCHENPROBE
Im Sternchenmuster mit Nd 4,0 mm

23 M und 32 R = 10 cm x 10 cm

STRICKSCHRIFTEN
Seite 47

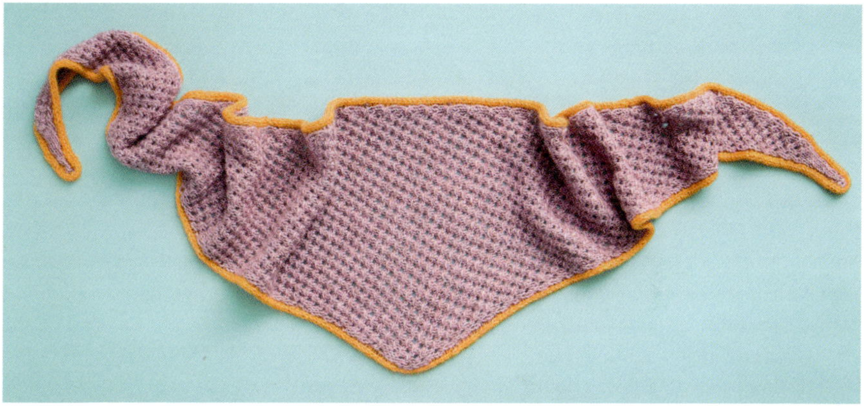

Glatt rechts
In Hinr rechte M, in Rückr linke M str.

1 Masche linksgeneigt zunehmen
Mit der linken Nd von vorne unter dem Querfaden zur nächsten M einstechen und so eine neue M auf die Nd heben. Diese M rechts verschränkt str.

Randmaschen
In jeder Hinr die erste und letzte M rechts str, in jeder Rückr die erste und letzte M links str.

Sternchenmuster
Nach den Strickschriften str.

Strickschrift 1 – Zunahmen
Es sind nur die Hinr gezeichnet. In den Rückr alle M und U links str. Die 1.-44. R 1x str, dann die 33.-44. R fortlaufend wdh, dabei die M vor dem Rapport str, danach den Rapport (grau hinterlegt) fortlaufend wdh und mit den M nach dem Rapport enden. Dann die 45. und 46. R 1x str.

Strickschrift 2 – Abnahmen
Es sind nur die Hinr gezeichnet. In den Rückr alle M links str. Die 1.-12. R fortlaufend wdh, dabei die M vor dem Rapport str, dann den Rapport (grau hinterlegt) fortlaufend wdh und mit den M nach dem Rapport enden. Die 13.-42. R 1x str.

Anleitung

In Fliederlila mit Rundstricknd 4,0 mm 2 M anschl. Im Sternchenmuster gemäß Strickschrift 1 für die Zunahmen str. Die 1.-44. R 1x str, dann die 33.-44. R fortlaufend wdh, bis 51 M auf der Nd sind, dabei die M vor dem Rapport str, danach den Rapport (grau hinterlegt) fortlaufend wdh und mit den M nach dem Rapport enden. Dann die 45. und 46. R 1x str.

Nun gemäß Strickschrift 2 für die Abnahmen str. Die 1.-12. R fortlaufend wdh, bis noch 10 M auf der Nd sind, dabei die M vor dem Rapport str, dann den Rapport (grau hinterlegt) fortlaufend wdh und mit den M nach dem Rapport enden. Die 13.-42. R 1x str und die letzten beiden M in der letzten Rückr abk.

Fertigstellen

Für den I-Cord-Rand in Mandarin mit Rundstricknd 3,5 mm rundherum 494 M aus dem Rand herausstr, dabei in der Mitte der geraden Tuchkante beginnen; insgesamt ca. 200 M aus der geraden langen Kante und je ca. 147 M aus den beiden schrägen Kanten auffassen. Die M zur Rd schließen. Nun die M mit den Spielnd str und dabei abk. Mit den Spielnd 3 M neu anschlingen und in R str: 2 M rechts, 2 M rechts überzogen zusammenstr, also die 3. M der neu angeschlungenen M mit der 1. M der in der Vor-Rd herausgestrickten M rechts überzogen zusammenstr (= 1 M wie zum Rechtsstr abheben, 1 M rechts, die abgehobene M überziehen.). Die Arbeit nicht wenden, sondern die Spielnd wieder an den R-Anfang schieben und erneut 2 M rechts, 2 M rechts überzogen zusammenstr. Diesen Arbeitsgang bis zum Tuchende wdh. An der äußeren Tuchkante 3x 3 M rechts str, ohne dabei M zusammenzustr, dann über die schräge Seite des Tuches weiter abk, über die untere Spitze 1x 3 M rechts str, ohne dabei M zusammenzustr, dann über die schräge Seite weiter abk, über die zweite äußere Kante wieder 3x 3 M rechts str und weiter bis zum Beginn der Rd abk. Die restlichen 3 M abk. Die Abkettkante des I-Cord-Rands mit der Anschlagkante zusammennähen.

Alle Fäden vernähen. Das Tuch anfeuchten und auf die angegebene Größe spannen, trocknen lassen.

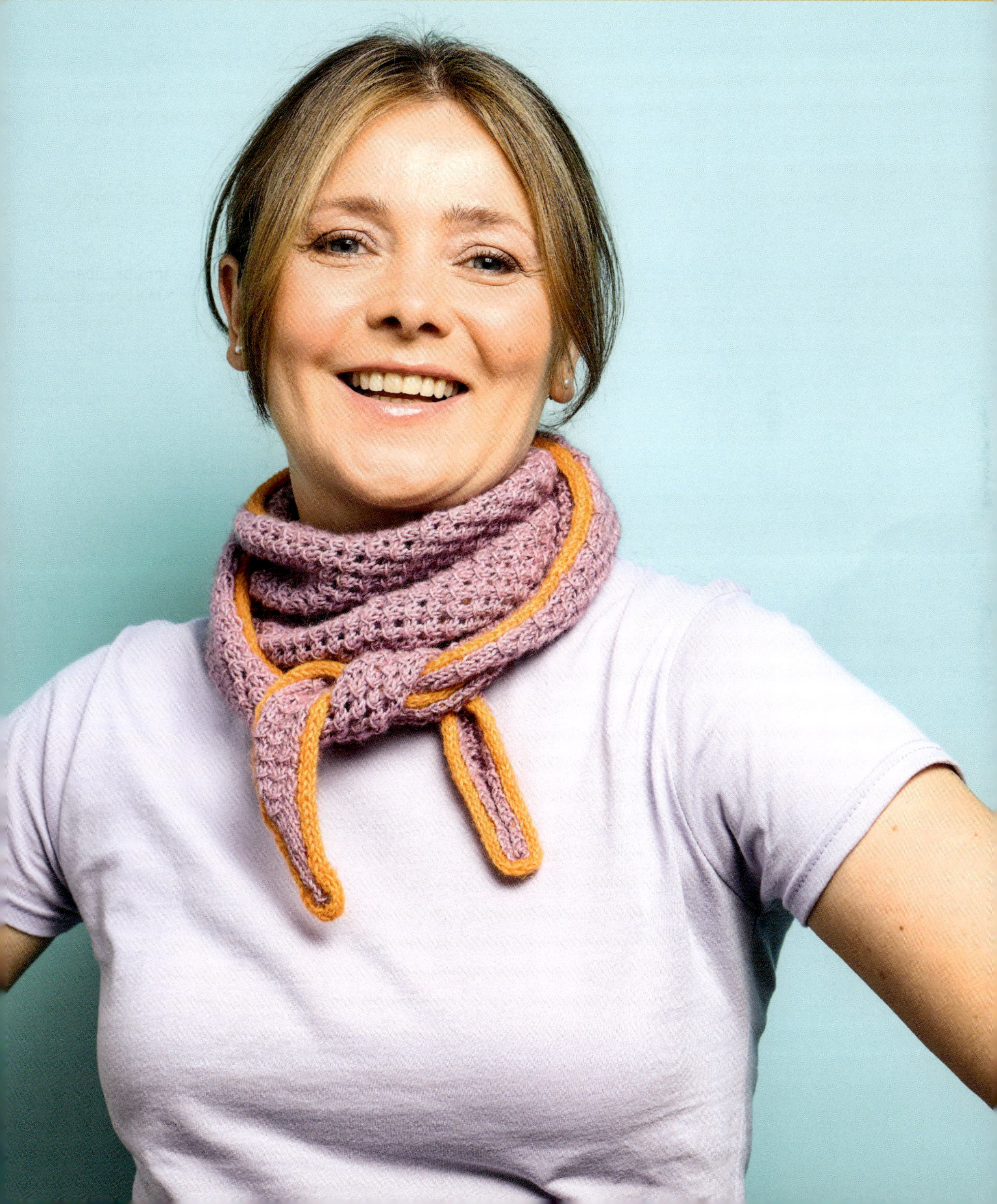

Clara

Seite 6

● = 1 Randmasche

■ = 1 Masche rechts

▲ = 1 Masche linksgeneigt zunehmen: Mit der linken Nadel von vorne unter dem Querfaden zur nächsten Masche einstechen und so eine neue Masche auf die Nadel heben. Diese Masche rechts verschränkt stricken

[Symbol: Kreuzung nach links] = 1 Masche auf einer Hilfsnadel vor die Arbeit legen, 1 Masche rechts stricken, dann die Masche der Hilfsnadel rechts stricken; alternativ zuerst von vorne die folgende 2. Masche der linken Nadel rechts stricken, dann die 1. Masche der linken Nadel rechts stricken. Beide Maschen von der linken Nadel gleiten lassen

[Symbol: Kreuzung nach rechts] = 1 Masche auf einer Hilfsnadel hinter die Arbeit legen, 1 Masche rechts stricken, dann die Masche der Hilfsnadel rechts stricken; alternativ zuerst von hinten die folgende 2. Masche der linken Nadel rechts stricken, dann die 1. Masche der linken Nadel rechts stricken. Beide Maschen von der linken Nadel gleiten lassen

◣ = 2 Maschen rechts überzogen zusammenstricken: 1 Masche wie zum Rechtsstricken abheben, die nächste Masche rechts stricken und die abgehobene Masche überziehen

Strickschrift 1

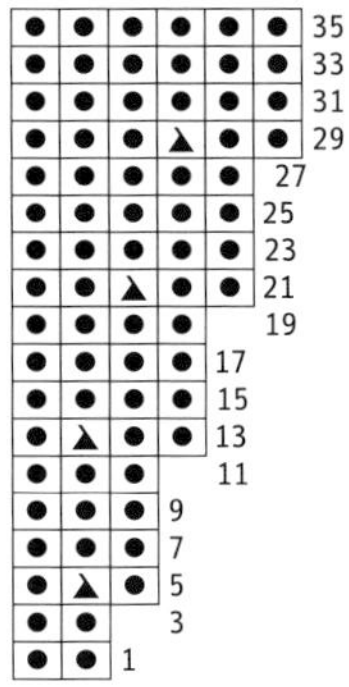

Strickschrift 2 (Honigwabenmuster)

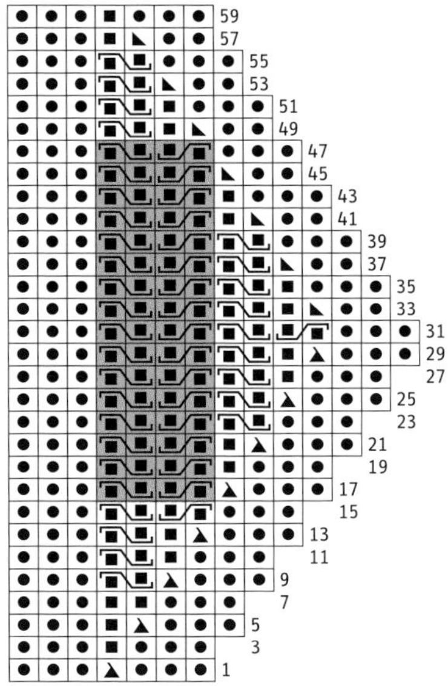

Strickschrift 3

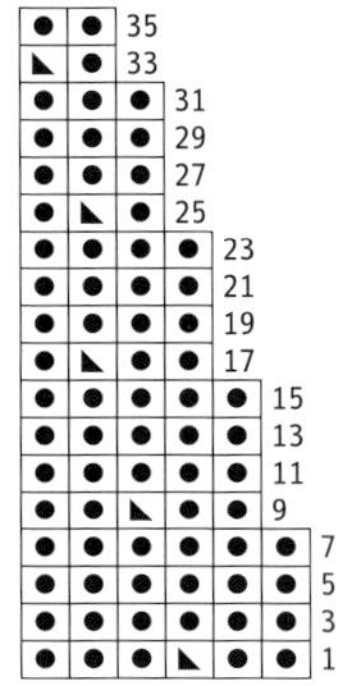

Lykke

Seite 22

Lochmuster

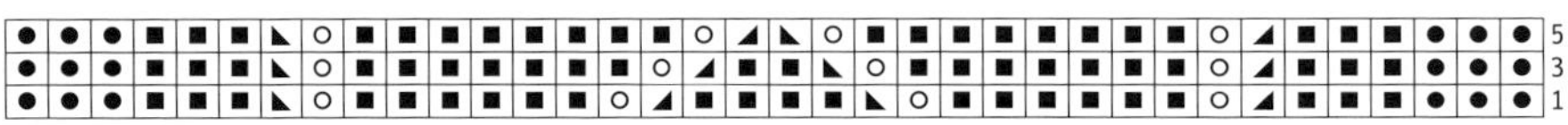

●●● = 3 Randmaschen (I-Cord-Rand)

■ = 1 Masche rechts

○ = 1 Umschlag

◢ = 2 Maschen rechts zusammenstricken

◣ = 2 Maschen rechts überzogen zusammenstricken: 1 Masche wie zum Rechtsstricken abheben, die nächste Masche rechts stricken und die abgehobene Masche überziehen

Mille

Seite 8

● = 1 Randmasche in Leinen

■ = 1 Masche rechts in Leinen

🟨 = 1 Masche rechts in Senf

− = 1 Masche links in Leinen

◣ = 2 Maschen in Leinen rechts überzogen zusammenstricken: 1 Masche wie zum Rechtsstricken abheben, die nächste Masche rechts stricken und die abgehobene Masche überziehen

◢ = 2 Maschen in Leinen rechts zusammenstricken

▲ = 1 linksgeneigte Zunahme in Leinen: Mit der linken Nadel von vorne unter dem Querfaden zur nächsten Masche einstechen und so eine neue Masche auf die Nadel heben. Diese Masche rechts verschränkt stricken

ID = 1 Masche in Leinen wie zum Linksstricken abheben mit dem Faden vor der Masche

ᗡI = 1 Masche in Leinen wie zum Linksstricken abheben mit dem Faden hinter der Masche

Strickschrift 1

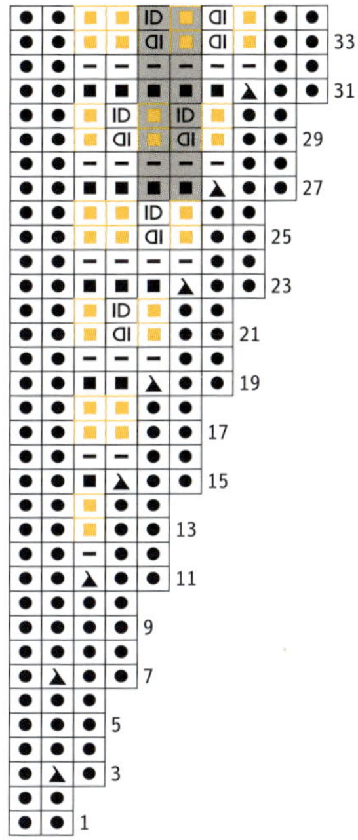

Strickschrift 2

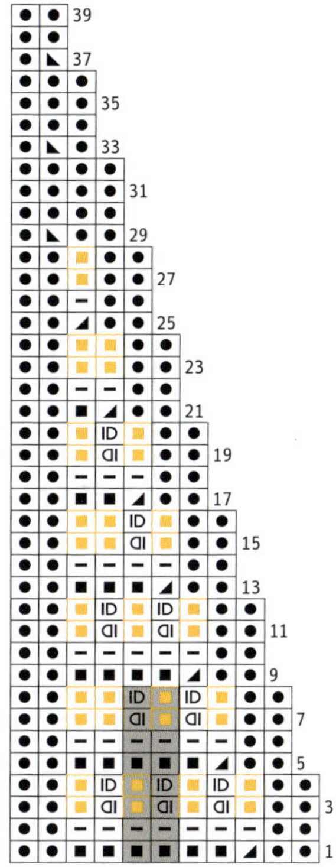

Strickschrift 1

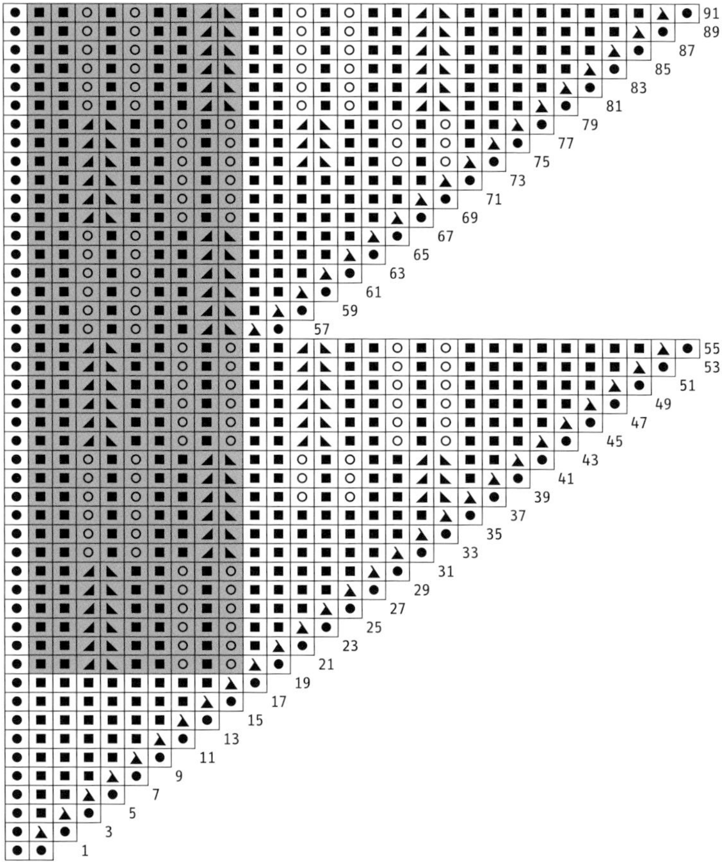

Strickschrift 2

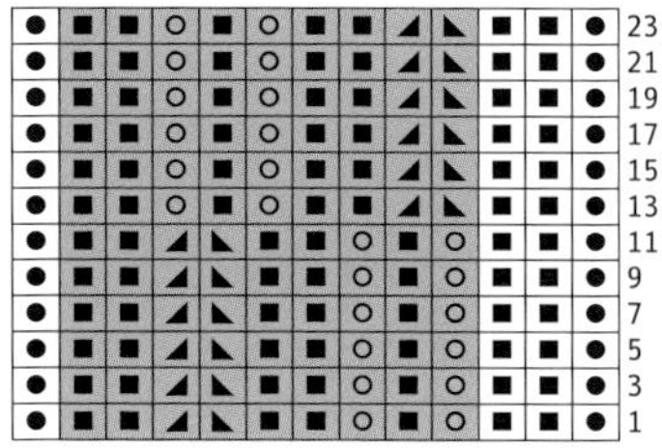

Strickschrift 3

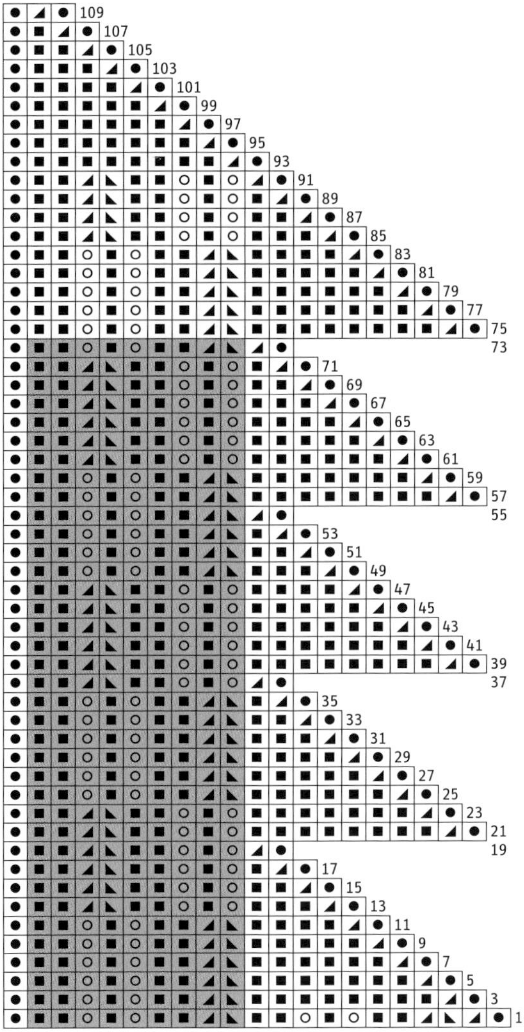

Julie

Seite 12

● = 1 Randmasche

− = 1 Masche links

■ = 1 Masche rechts

○ = 1 Umschlag

▲ = 1 linksgeneigte Zunahme: Mit der linken Nadel von vorne unter dem Querfaden zur nächsten Masche einstechen und so eine neue Masche auf die Nadel heben. Diese Masche rechts verschränkt stricken

◢ = 2 Maschen rechts zusammenstricken

◣ = 2 Maschen rechts überzogen zusammenstricken: 1 Masche wie zum Rechtsstricken abheben, die nächste Masche rechts stricken und die abgehobene Masche überziehen

Strickschrift 1

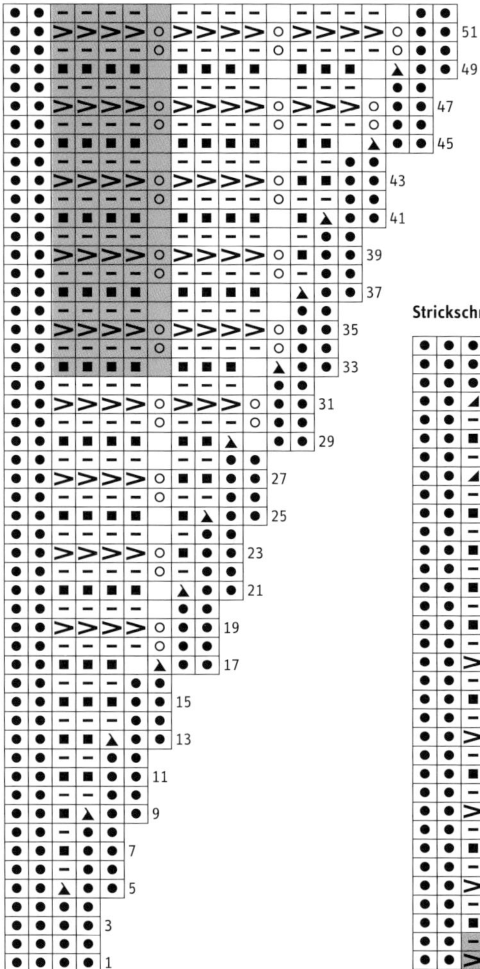

Strickschrift 2

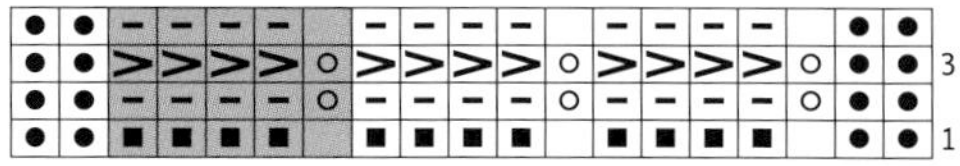

Strickschrift 3

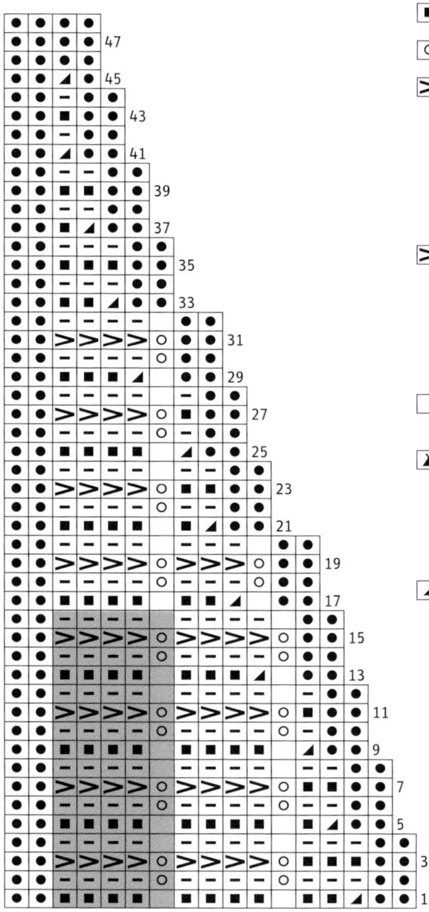

Selma

Seite 16

● = 1 Randmasche

– = 1 Masche links

■ = 1 Masche rechts

○ = 1 Umschlag

>>>> = Den Umschlag der vorigen Reihe fallen lassen, die 1. Masche wie zum Rechtsstricken abheben, die folgenden 3 Maschen rechts stricken und die abgehobene Masche darüberziehen

>>> = Den Umschlag der vorigen Reihe fallen lassen, die 1. Masche wie zum Rechtsstricken abheben, die folgenden 2 Maschen rechts stricken und die abgehobene Masche darüberziehen

☐ = Keine Bedeutung, dient der besseren Übersicht

▲ = 1 linksgeneigte Zunahme: Mit der linken Nadel von vorne unter dem Querfaden zur nächsten Masche einstechen und so eine neue Masche auf die Nadel heben. Diese Masche rechts verschränkt stricken

◢ = 2 Maschen rechts zusammenstricken

Strickschrift 1

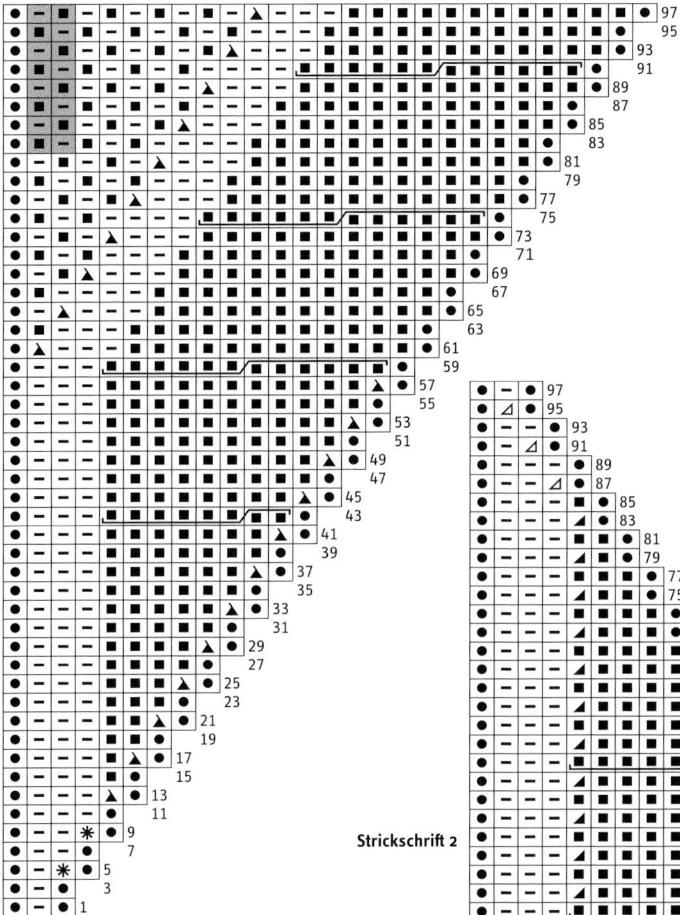

Strickschrift 2

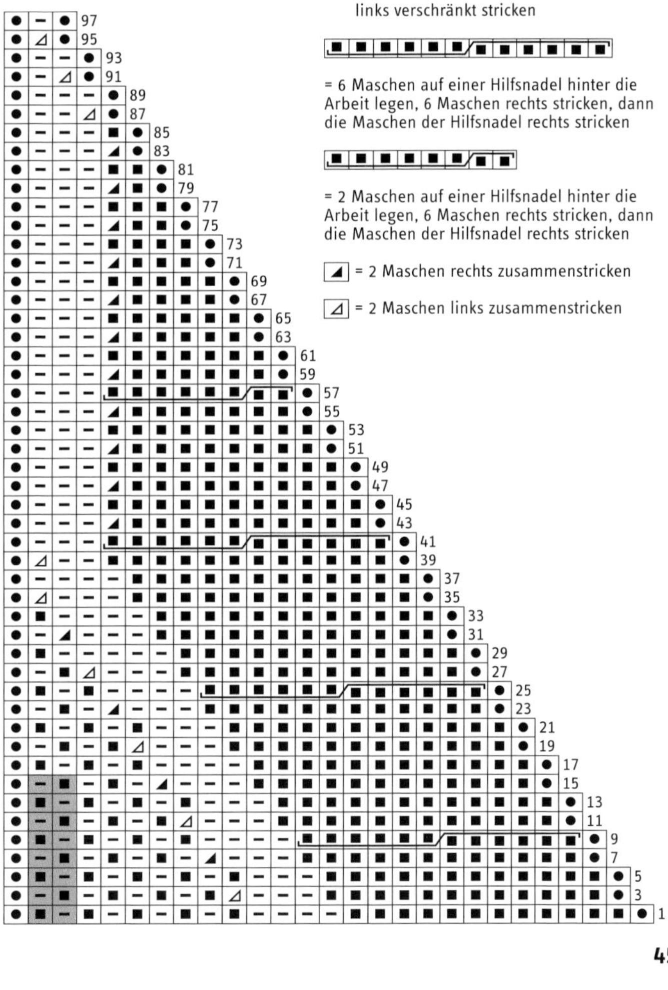

Iben

Seite 20

● = 1 Randmasche

■ = 1 Masche rechts

− = 1 Masche links

▲ = 1 linksgeneigte Zunahme: Mit der linken Nadel von vorne unter dem Querfaden zur nächsten Masche einstechen und so eine neue Masche auf die Nadel heben. Diese Masche rechts verschränkt stricken

✳ = 1 linksgeneigte Zunahme (links verschränkt gestrickt): Mit der linken Nadel von vorne unter dem Querfaden zur nächsten Masche einstechen und so eine neue Masche auf die Nadel heben. Diese Masche links verschränkt stricken

= 6 Maschen auf einer Hilfsnadel hinter die Arbeit legen, 6 Maschen rechts stricken, dann die Maschen der Hilfsnadel rechts stricken

= 2 Maschen auf einer Hilfsnadel hinter die Arbeit legen, 6 Maschen rechts stricken, dann die Maschen der Hilfsnadel rechts stricken

◢ = 2 Maschen rechts zusammenstricken

◺ = 2 Maschen links zusammenstricken

Strickschrift 1

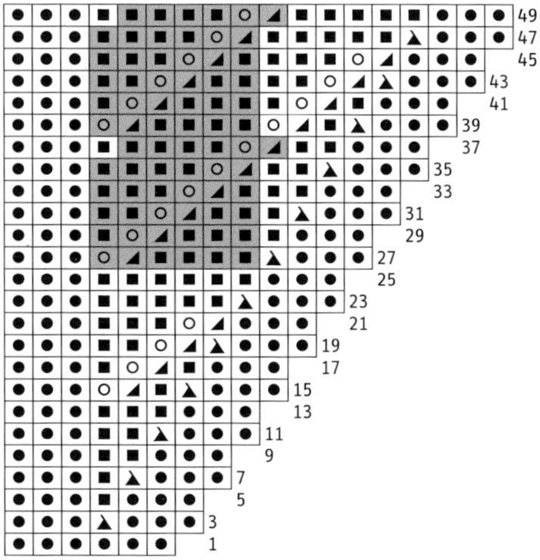

Strickschrift 2

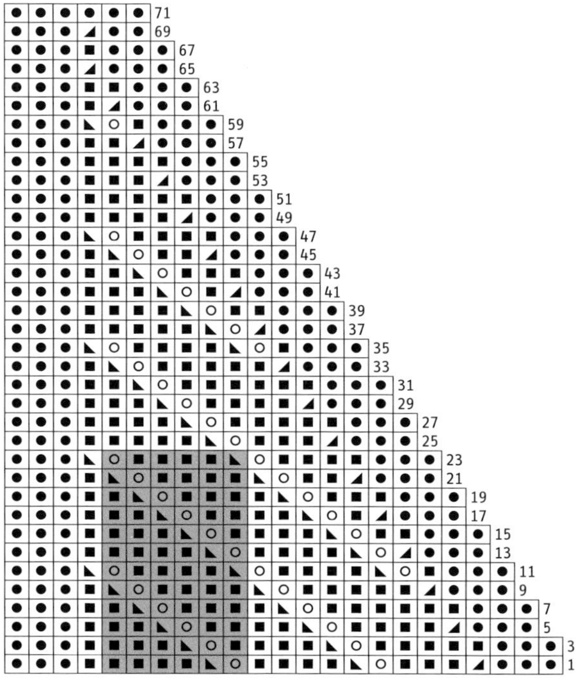

Leah

Seite 34

● = 1 Randmasche

■ = 1 Masche rechts

○ = 1 Umschlag

◢ = 2 Maschen rechts zusammenstricken

◣ = 2 Maschen rechts überzogen zusammenstricken: 1 Masche wie zum Rechtsstricken abheben, die nächste Masche rechts stricken und die abgehobene Masche überziehen

▲ = 1 linksgeneigte Zunahme: Mit der linken Nadel von vorne unter dem Querfaden zur nächsten Masche einstechen und so eine neue Maschen auf die Nadel heben. Diese Maschen rechts verschränkt stricken

Strickschrift 1

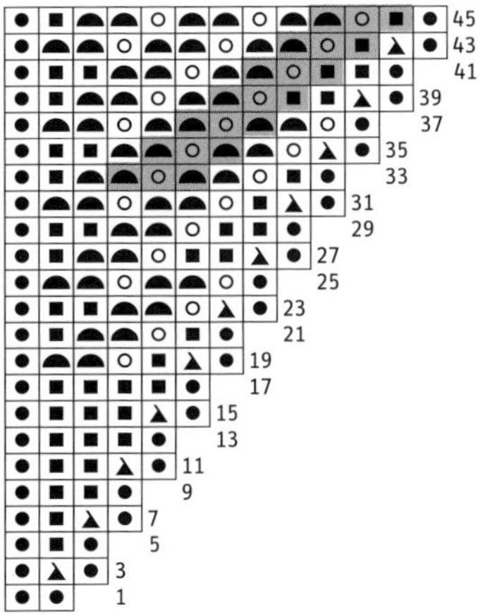

Strickschrift 2

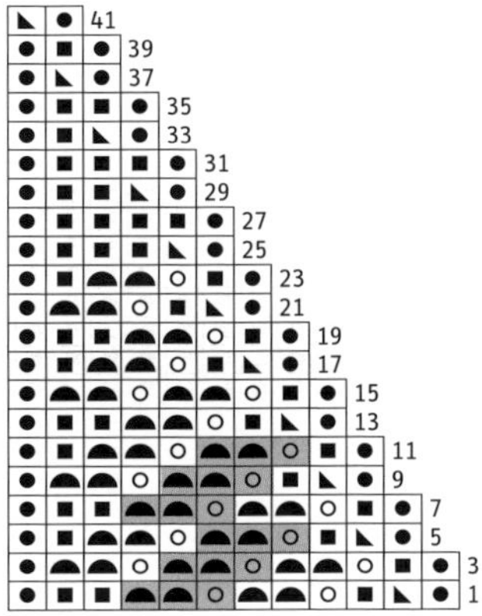

Liv

Seite 36

● = 1 Randmasche

■ = 1 Masche rechts

◓◓○ = 1 Umschlag, 3 Maschen rechts str, die 1. der 3 gestrickten Maschen über die anderen beiden Maschen ziehen

◣ = 2 Maschen rechts überzogen zusammenstricken: 1 Masche wie zum Rechtsstricken abheben, die nächste Masche rechts stricken und die abgehobene Masche überziehen

▲ = 1 linksgeneigte Zunahme: Mit der linken Nadel von vorne unter dem Querfaden zur nächsten Masche einstechen und so eine neue Maschen auf die Nadel heben. Diese Maschen rechts verschränkt stricken

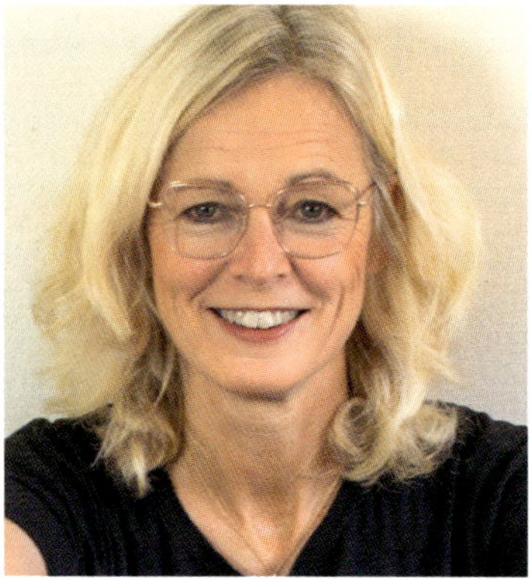

Brigitte Zimmermann strickt und häkelt für ihr Leben gern und hat das große Glück, ihr Hobby zum Beruf gemacht zu haben. Nach 15 Jahren als Produktentwicklerin und -designerin im Bereich Handstrickgarne entwickelt sie nun unter dem Pseudonym „knittygitti“ eigene Designs, entwirft Strickteile für Magazine, leitet Workshops und Strickkurse und bietet Lektorate an. Sie hat drei erwachsene Kinder und lebt mit ihrem Mann in Ostwestfalen.

DANKE!

Vielen Dank an die Firmen Buttinette GmbH, Lamana GmbH, Lana Grossa GmbH, Pascuali GmbH und Woolhouse MHS GmbH für die großzügige Unterstützung mit Garnen sowie an Anne Haack (Instagram: annehaack64) und Elke Becker (Instagram: elke.strickt) für ihre Hilfe beim Stricken der Tücher.

Freischaltcode: 55534

MIX
Papier | Fördert gute Waldnutzung
FSC® C106600
www.fsc.org

Penguin Random House Verlagsgruppe
FSC® N001967

TOPP – Unsere Servicegarantie

WIR SIND FÜR SIE DA! Bei Fragen zu unserem umfangreichen Programm oder Anregungen freuen wir uns über Ihren Anruf oder Ihre Post. Loben Sie uns, aber scheuen Sie sich auch nicht, Ihre Kritik mitzuteilen – sie hilft uns, ständig besser zu werden.

Bei Fragen zu einzelnen Materialien oder Techniken wenden Sie sich bitte an unseren Kreativservice, Frau Erika Noll.

mail@kreativ-service.info
Telefon 07 11/12 37 57 20

Das Produktmanagement erreichen Sie unter:

pm@frechverlag.de
oder:
frechverlag
Produktmanagement
Dieselstraße 5
70839 Gerlingen
Telefon 07 11/8 30 86 68

LERNEN SIE UNS BESSER KENNEN! Fragen Sie Ihren Hobbyfach- oder Buchhändler nach unserem kostenlosen Magazin **Meine kreative Welt**. Darin entdecken Sie dreimal im Jahr die neuesten Kreativtrends und interessantesten Buchneuheiten.

Oder besuchen Sie uns im Internet! Unter **www.topp-kreativ.de** können Sie sich über unser umfangreiches Buchprogramm informieren, unsere Autor*innen kennenlernen sowie aktuelle Highlights und neue Kreativtechniken entdecken, kurz – die ganze Welt der Kreativität.

Kreativ immer up to date sind Sie mit unserem monatlichen **Newsletter**. Für aktuelle Infos, Gratis-Anleitungen und Gewinnspiele gleich anmelden unter **www.TOPP-kreativ.de/Newsletter**

IMPRESSUM

Fotos: frechverlag GmbH, 70839 Gerlingen; lichtpunkt, Michael Ruder, Stuttgart
PRODUKTMANAGEMENT: Claudia Mack
LEKTORAT: Christine Schlitt, Worms
HERSTELLUNG: Heike Köhl
DRUCK: DZS GRAFIK, SLOWENIEN

3. Auflage 2025

produktsicherheit@frechverlag.de
ISBN 978-3-7358-7150-3 • Best.-Nr. 27150